哈達瑜伽

從體位法覺知身心，調息而後禪定

斯瓦米韋達・帕若堤 Swami Veda Bharati ／著
石宏／譯

讓每個人都感受到愛

陳廷宇　於斯瓦米韋達十六日喪期最後一夜

趕到學院已經是七月十七日凌晨近六點，在靜坐大廳，斯瓦米韋達躺在他摯愛的上師斯瓦米拉瑪照片跟前，平靜的臉就像他每一天睡著的模樣，只是今天他再也不會帶著微笑醒來。

大廳內瀰漫著深沉的思念，偶爾聽見輕微的低泣，但更多的卻是斯瓦米韋達那無窮無盡的愛。他總說：「我有一條愛的披肩，在靜坐時無限延伸，將每一個人緊緊地包圍。」是的，他強烈而深刻的愛，溫暖了每一個人的心，就算他的身體離開的這一刻，他也不忘實現他的教導，在學院繼續撒下平靜：「讓每一個人感受到愛意。」

上師斯瓦米拉瑪曾經告訴斯瓦米韋達：「你可以決定自己什麼時候離開身體。」七月十三日斯瓦米韋達離開的前一天晚上，他最親近的服侍者蘇瑞得說，他主動要求晚餐吃蓮花粉做的 Roti（印度烤餅）。根據斯瓦米韋達所屬僧團的規定，當僧團領袖離世舉行喪禮時，蓮花粉做成的印度烤餅正是陪喪的物品之一。或許當晚斯瓦米韋達已經有意識地準備離開身體，在吃了蓮花烤餅後，拋下這飽受苦痛的肉身，進入三摩地？七月十四日凌晨隨侍在側的斯瓦米瑞塔凡（Swami Ritavan）說，斯瓦米韋達已經練習死亡的藝術多年，「那一刻他將所有氣的能量（Prana）全部集中，離開了身體！」

八點鐘，僧團的人來到學院，替斯瓦米韋達淨身，被鮮花簇擁的斯瓦米韋達離開靜坐大廳，到火供祭壇旁的廣場，最後一次讓大家一一跟他告別。根據僧團規定及斯瓦米韋達自己的遺願，採 Jal Samadhi（水葬三摩地）。在印度，出家人是不採火葬儀式的，因爲當他/她出家時，就等於捨離了世間所有一切，象徵性的火葬俗世的身分，因此出家人肉體離世時有水葬或土葬兩個選項。斯瓦米韋達向來不喜歡學生們崇敬他的照片或將他偶像化，因此水葬對他而言自是理所當然的選擇，也是他給學生們上的最後一課。

吉時來臨，斯瓦米韋達前往離學院所在地瑞斯凱詩（Rishikesh）車程約半小時的聖城哈德瓦爾（Haridwar）。對斯瓦米韋達來說，聖城哈德瓦爾是個特殊的地方，過去幾十年來，他在全世界各地講學，每當回印度學院經過哈德瓦爾時，就會輕輕笑著說：「終於到家了。」這也是他選擇在這兒舉行水葬三摩地的原因之一，對他來說，學院所在地瑞斯凱詩和哈德瓦爾就是他的家啊！

前往恆河畔的過程彷彿是一場歡慶儀式，斯瓦米韋達總是說：「不要把身體的狀態變成心的狀態。」因此縱使他生前肉體飽受病痛折磨，卻總是精神奕奕，用一顆愉悅自在的心安住在身體中，將喜馬拉雅瑜伽傳承的知識與愛和全球弟子們分享，這是他以最眞實的方式實踐並教導禪瑜伽的道路。現在他終於圓滿達成此生任務，卸下了這個被他稱爲一件衣服的肉身，身爲學生的我們，怎不應該爲他歡慶?!

鄰近午時，承載成千上億印度人喜怒哀樂的恆河水依舊滔滔不停地往前流，靜謐的對岸有成群牛隻悠閒地吃草。再一次用恆河水及牛奶淨身後，斯瓦米韋達此世的肉身披著橘紅色的披肩及僧服在追隨者和學生們共持上師咒的梵音中，長眠在滔滔恆河水底。水葬三摩地的儀式圓滿，天降傾盆大雨，眾人們嘖嘖稱奇，因爲原本氣象預報今天整天都是降雨天氣，沒想到在斯瓦米韋達的三摩地儀式中，老天給了好天氣，直到所有儀式圓滿，傾盆大雨才嘩啦而下，彷彿在爲斯瓦米韋達全球上千名學生哀悼失去一位摯愛的靈性老師；但也或許，是天降甘霖歡慶斯瓦米韋達脫離肉身，消融回歸到那不生不滅的永恆宇宙意識中。

送摯愛的老師最後一程，多年來和他相處的片段如浪潮般湧上心頭。他千變萬化的神情歷歷在目，他如赤子般的笑容、他向上師禮敬專注的神情、他靜坐時深沉的巨大能量……還有他在二〇一三年進入靜默前的火供，靜定的臉上映著閃閃的火光。他最愛倚著二樓房間外的走廊，往下凝視他所摯愛的學院和學生們的微笑，每天早晨他起床後心滿意足地聞著花香，他在每一場演講前兩小時必定靜定靜默，然後將所有的智慧與愛像花雨般灑向所有足下殷殷傾聽教導的學生。

他的額頭光滑如孩童，「如果你只能做一個瑜伽練習，那麼試著在生活的每一刻鐘，放鬆你的額頭，我八十多歲了額頭都沒有皺紋，因爲我擦了神奇的喜馬拉雅靜心面霜……」當他開始行動不便，走路差點栽跟頭跌倒，旁人仍在驚嚇中尚未回神時，他已經神色自若地開玩笑說：「我以前不會跳舞，現在我會了。」每當我氣急敗壞要開口辯解前，他已經輕輕舉起手提醒：「從你的心說話，不要從充滿情緒的喉嚨，當你學會從心眞誠說話，沒有人會跟你說不……」他可以一邊戴著科學家們測試的腦波儀器，讓機器數據顯示他的腦波是在深度靜心的同時，一邊卻和所有人談笑風生，看著科學家們驚訝的神情，他頑皮地眨眼：「在斷食時用餐，在靜默中說話……」

他對每一個學生無私的愛總特別令人動容，只要學生到他面前，不管他再累再忙，總是全神關注地傾聽，給予他們最大的愛與支持，「師生間的緣分有深有淺，但我對每一個人的愛都無有分別。」每一天在學院傍晚的靜坐時間，猜猜誰是第一個坐在那兒的人，是的，就是斯瓦米韋達，而他在開始靜坐前已經先在自己的房間做完左右鼻孔交替呼吸法的練習，他所說的每一句教導，他自己都身體力行百分百做到。《瑜伽經》說，上師就是一部經典，透過他的身教，終生受用無窮。幾年前我曾問他，什麼是學生能給老師最好的禮物，他說：「我的老師叫我靜坐，所以我靜坐，同時我會把老師教導我的所有智慧與知識傳承下去，直到最後一口呼吸停止爲止。」

淚水有時仍會不經意地突襲，但總是在靜坐中獲得深沉的安慰，因爲他在那裡，在靜坐中與我們相遇。

目次

第二部　哈達瑜伽的修練

第三部　哈達瑜伽與昆達里尼瑜伽

【關於作者】

在靜默中說法的瑜伽大師——斯瓦米韋達

石宏

他不認為自己是位心靈大師

斯瓦米韋達出家前本名烏夏部・艾瑞亞（Usharbudh Arya），他很少談及自己的往事。「斯瓦米」（Swami）意指出家的僧人，他說出家就是死後重生，以前的那一位已經消失，所以他有時會以「我已故的朋友艾瑞亞博士」來稱呼出家前的自己。此外，他非常謹慎防範學生將他偶像化，在印度的學院裡絕對不允許懸掛他的相片，更從未寫過自傳或回憶錄。他常說：「很少人會對我說『不』，因為我極少對別人說『不』。」他會果斷地說「不」的場合，即是弟子以「上師」、「大師」之類的字眼來稱呼他。

對於他的生平，我們所知不多（因為他甚少提及，而且據說印度傳統上是不允許向出家人問及他們的過去），但約莫知道他於一九三三年出生於一個北印度的梵文世家，以梵語爲母語。有人以爲梵文是已經死去的語言，如果眞是如此，那麼，他無疑地就是精通梵文的活化石。他自小在家中和父親學習梵文文法和經論，從未進入學校就讀。九歲即能爲人講解《瑜伽經》，十三、四歲時被幾位大師學者撰文譽爲「神童」後，印度各方爭相邀請他去講演，常有數千人聚集聽講。台上的講者是一名童子，而台下的聽眾中不乏白髮高齡長者，形成一個有趣的場面。他講演從不需要準備，往往臨場由主辦單位從浩瀚的《吠陀》中任意選取一句話爲題即席開講，最高紀錄是連續在七天中講了四十九場。從此長達將近七十年間，他不停地在世界各地巡迴教學，直到二〇一三年進入五年靜默期才暫時停頓。

當年他遠赴外地講學，都是從各地的印度僑民社區中開始，其後受到外界邀請，有必要以英文講演，才開始自修外文，目前他能夠使用的語言達十七種之多。他憶及有一次演講時主持人介紹他「不幸自幼失學」，讓他啞然失笑。他覺得自己未入學就讀絕對不是個不幸，也絕對不是失學。不過，其後國外的大學請他去任教，他也需要提出文憑，所以就在一九六五至一九六七年的兩年間，憑著學歷筆試以及論文寫作，取得倫敦文學學士、碩士和荷蘭文學博士的學位。

一九六七年，艾瑞亞博士應美國明尼蘇達大學之邀擔任梵文教授，接下來的際遇轉變了他的一生。其時他雖然已經是眾人眼中的飽學之士，可是內心仍然在搜尋一位能夠終生依止的心靈上師。他在印度所請益的人都極力推薦一位大師中的大師——喜馬拉雅瑜伽近代的傳人斯瓦米拉瑪，可是他每次回印度卻都無緣拜見這一位來去無蹤的神祕人物。

一天在美國家中，他的太太提及城裡來了位斯瓦米，住在某某酒店，現在正值印度的新年節慶時分，應該送些傳統食物照應人家。他心想印度的斯瓦米自己見的可多了，多半是泛泛之輩，梵文都未必流利。不過，既然人家隻身來到異鄉，就必須照應。於是他和太太便去到這位斯瓦米的酒店房中探訪，見面之際，他刻意以深奧的梵文成語寒暄，誰知對方立即用很典雅的梵文回應。簡短見面結束，在出門之際，這位斯瓦米對他說：「你不是想學無上密學『室利毗底亞』（Sri Vidya）嗎？我可以教你。」這是他多年來的心願，從未對人提起，誰知竟被這位斯瓦米一下子點穿。直到告別出門後，旁人才告訴他，這位就是他心儀已久的斯瓦米拉瑪！正是踏破鐵鞋無覓處，得來全不費工夫。也應了一句印度古諺：

「當弟子準備好了，上師就會出現在他面前。」於是在一九六九年拜師啓引，從此跟著斯瓦米拉瑪學習。

上師和每位弟子的關係都是獨一無二的，對每位弟子的要求也都不同。斯瓦米拉瑪不是要求艾瑞亞博士去工作，就是要他去各地教學。有次，他向上師抱怨：「爲什麼別的弟子可以去喜馬拉雅山中修道或去閉關持咒，而我卻得在外奔波？」斯瓦米拉瑪說：「那些我都幫你做了，你不明白嗎？」

有次，斯瓦米拉瑪出版了一本新書，內容寫了許多法門，就問艾瑞亞是否有讀過。他回答說：「有讀，可是我都在爲您辦事，哪有時間去修練。」上師說：「你這輩子讀，下輩子修嘛！」

還有一次，斯瓦米拉瑪對他說：「現在我要辦件事需要用到錢，你可以捐獻這個數目嗎？」他回答不知道自己是否有這筆錢，要回家去看看。待回家後拿出銀行存摺，帳戶中的餘額正好是上師所要求的數目，一毛不差。他徵求太太的同意之後，就將存款全數提清獻給了上師。

一九八〇年，斯瓦米拉瑪要求他辭去美國的教職舉家遷回印度，領導上師所創辦的道院。其時他們夫妻已經旅居美國多年，兒女都在異國成長，搬回印度對全家人都是一種考驗，但他也照辦了。他常說：「時代不同了，今天的弟子往往禁不起考驗，上師稍微給點挫折就崩潰跑掉了。」

他從小就立定志向將來要出家，可是屢次向斯瓦米拉瑪請求出家，所得到的答案都是時機尚未成熟。直到一九九二年，他年近六十歲才獲得允許出家，屬於「帕若提」（Bharati）這一支的出家人，法號「韋達」（Veda），成爲身披橘色僧袍的斯瓦米韋達。一九九九年，他受眾斯瓦米推舉爲「摩訶曼陀羅自在天」（Mahamadaleshwara），成爲極少數矢命護持正法的斯瓦米長老之一。

斯瓦米拉瑪主張瑜伽不是迷信，必須要利用科學手段，也要禁得起科學手段的檢驗。除了以現代醫學的角度去解釋瑜伽對身心的功效之外，他更是第一位接受西方科學測試所謂「特異功能」的瑜伽大師。斯瓦米韋達沿襲了這個精神，他從來不允許弟子搞所謂的「神通」，若是有人就靈異現象求教，他不是勸人不要執著於此，就是勸人求醫診治是否生理或心理有所失調而導致。他說：「只有在用盡一切科學手段都不能解釋之後，再來談是否屬於心靈現象。」

近年來，在他的學院中斥資成立了「禪定實驗室」，利用先進的儀器和設備，從腦波、心律、呼吸等幾個方面來檢測靜坐禪定的狀態和效應。他說，目前即使是最精密的科學儀器，仍然無法驗出高深的禪定狀態，可是卻能相當準確地測出受測試者的身體是否放鬆、心跳是否規律以及心念是否相對集中，這些都是要進入禪定之前的先決狀態。假如連這個地步都做不到，談禪定就未免有點牽強。據說曾經有些自稱功夫如何如何的人士來到學院，實驗室主任請他接受測試，誰知一小時下來，此人雖然外表不動如山，腦波仍然呈現出心念散亂的狀態。證據會說話，此人以後就不見蹤影了。

靜坐是一切心靈修行所共通的法門，斯瓦米韋達尤其注重靜坐。他說自己經常在搭飛機時碰到好奇的陌生人問他是做什麼的，他往往就回答：「我教人靜坐。」斯瓦米拉瑪生前對每個弟子所交代的任務都不相同，對他的交代很多，其中之一就是去教靜坐。在喜馬拉雅瑜伽，靜坐是件大事，只要斯瓦米韋達待在學院裡，他每天一定會跟大家一起靜坐一小時。他說：「你錯過其他的課程都沒關係，但是這堂靜坐一定不要錯過。」跟他一起靜坐，特別容易入靜。如果要問他，如何判斷某人眞有靜坐的功夫。他會說：「眞有功夫的人，他內在的靜默是有感染力的，焦慮不安的人來到他身邊，離去時心情會是平靜祥和的。」

爲了能盡可能和全球愛好靜坐的人一起靜坐，斯瓦米韋達在每個月的滿月之日，無論身在何處都會在一定的時間靜坐，例如他會在台灣、中國大陸、香港、新加坡等地滿月之日的晚上八點鐘開始靜坐，通常約一個小時左右，想要加入一起靜坐的人只要在此時坐下，靜坐時間不拘。他說：「距離不是問題，只要我們在同一個時間坐下來，就是一起在靜坐。」至於每個月滿月之日的具體日期和各個時區的時間，與中國農曆十五日有時會有出入，請參照喜馬拉雅瑜伽協會的網頁。

學靜坐的人常以爲要坐得久才是功夫，斯瓦米韋達建議坐得久不如坐得多，每次靜下來三分鐘左右就足夠。日常生活中一切空檔都是靜坐的機會，例如在等下個會議開始、等醫生門診乃至等巴士、電視播廣告時間等都是。這方法對於忙碌的現代人尤其適用，斯瓦米韋達說他甚至在過馬路等紅燈的那一、二分鐘，就站在那裡入靜。

有人問，在眾人一起辦公的空間裡，無法閉眼靜坐三分鐘而不受旁人質疑或打攪。他的回答出人意外：「如果你真的沒辦法躲在某個地方靜個三分鐘，不妨試試利用廁所內的隔間。」他說：「只要肯老實地多給自己這三分鐘的靜坐時間，快則一個月，慢則三個月，一定會有所不同。」有人問：「就這三分鐘內要做什麼？」他說：「什麼也不用做，你有『做』什麼的想法，就不是在靜坐了。只要放鬆額頭，將全身放鬆，靜靜地觀察自己的呼吸狀態即可。」

靜坐要會利用時間，斯瓦米韋達說自己靜坐的功夫有一半是在機場練出來的。原來當年他馬不停蹄地奔波各地教學，他就在搭飛機時提早一小時或半小時到機場，坐在候機室等登機就是他靜坐的時間。

「靜默」是另一個斯瓦米韋達極力推薦的修行方式。修行可以分為身、語、意三個方面，靜默不屬於「身」、「語」的修行，而是「意」的修行。他說：「靜默不是不說話而已，是要連說話的念頭都不生起，這才是靜默。」我們的日常言語絕大部分都是屬於在發抒情緒而已，有意義的、必要的言語十中無一。

所以，嚴格練習靜默的人，期間除了不言語、不比手勢外，還要避免與人交換眼神、不閱讀書報、不看電視、不聽音樂、不寫書信、不記日記、不外出上街，只在固定時間去固定的僻靜路線散步等等。這好比以斷食方式來淨化身體，靜默則是在淨化自己的情緒和心念。斷食有斷食的學問，長時間斷食就需要有專人照料指導。靜默更是如此，訪客在喜馬拉雅瑜伽協會的總部一年到頭都可以進行靜默的鍛鍊指導，長度從三天、七天、十一天、二十一天、四十天不等。更長時間的靜默就需要獲得特別允許才可爲之。此外，協會每年也會不定期在世界各地舉辦靜默營。

斯瓦米韋達回憶童年時曾經見過一位從山中來城裡的年長斯瓦米，據說已經靜默了幾十年，那位斯瓦米臉上散發出一股特殊的光彩，在他心目中留下深刻的印象。二〇一三年，他終於如願，進入爲期至少五年的靜默期。在此之前，他有時會進入二十四或四十八小時短時間的靜默，那都是因爲他的身體衰弱至極，必須借助靜默來修復。這次長時間的靜默，其中一個很重要的原因，是他在爲自己將來要離開這個身體做準備。他說：「當我要離開時，我要依照《奧義書》稱之爲

『突破太陽門禁』的路徑離去，我還需要在禪定的那一個環節上下功夫。」

靜默中的人精神力量更強大，他是在爲自己創辦的這個學院奠下深厚的心靈地基，讓造訪的人都能感染到靜默的氛圍。

斯瓦米韋達出版的著作已經有三十多部，他還有數千小時的授課錄音尚未被整理成文字出版，保守估計至少可以集結成兩百本十多萬字的書。他最重視的著作是《帕坦伽利瑜伽經釋論》。《瑜伽經》本文只有極其簡短的二〇六條經句，共分爲四篇。斯瓦米韋達在一九八六年爲第一篇出版了一本釋論，長度將近五百頁。到了二〇〇一年，他出版了一本厚達八百五十頁的第二篇釋論。二〇一四年他改寫過的第一篇釋論出版，長度增加爲八四〇頁。第三篇的釋論已經完稿，尚未整理出版。目前他正抱著老病之身，在靜默中撰寫第四篇的釋論。

他經常用來訓勉眾人的謎樣字句是：「唯有在靜默時才言語、斷食時才進餐。」試問，會嗎？

筆者按：本文是爲了斯瓦米韋達即將出版的這本中文書而寫的一篇作者介紹。書尚未出版，而斯瓦米韋達已經於二〇一五年七月十四日凌晨在印度學院中離世。用中國成語「視死如歸」來形容老人對死亡的看法是很貼切的，他對人說：「這個身子就像個牢籠，關在裡面那麼久，能夠放出去是多麼開心的事。」又說：「我們都來自那絕對的靜默，也終將回歸靜默。」於今，他終於成功「越獄」而去，回到永恆的靜默，直到下一次使命的呼喚。雖然他已經進入絕對的靜默，可是他說過：「只有在靜默時才言語」、「靜默中的教導才是最上乘的教導」。讓我們靜下心來，走入自己內在最寂靜之處，在那裡，他還在說法，還在教我們。

【關於本書】

回歸瑜伽的眞義

石宏

瑜伽是爲了「健身」嗎？

「哈達瑜伽」（Hatha Yoga）是當今世界上最流行的瑜伽。

很多喜愛瑜伽的朋友對這句話可能會覺得有點奇怪，難道它會比大家熟知的艾揚格瑜伽（Iyengar Yoga）、阿斯坦加瑜伽（Ashtanga Yoga）、熱瑜伽（Hot Yoga）、毘尼亞薩瑜伽（Vinyasa Yoga）等等更出名？的確，哈達瑜伽並不是那麼出名。有些瑜伽中心會開設名爲「哈達瑜伽」的課程，它也被一般人認爲是屬於初學者的課程，因爲它只是做些基本的式子，沒有花稍的動作，也不夠激烈，會讓很多人覺得沉悶。只要看來上課的學生人數，就可以知道它受歡迎的程度並不高。的確，如果把瑜伽當成是健身體操或娛樂運動的話，哈達瑜伽是不如其他名目的瑜伽到位。

可是，當我們說哈達瑜伽是當今世界上最流行的瑜伽時，我們的意思是，哈達瑜伽裡面的體位法部分，被演繹成某些特殊風格的操練方法，因受到世人喜愛而發揚光大，以致練身的體位法成爲主流瑜伽。

根據瑜伽哲學，身體是最粗糙的物質外殼，不是我們生命的本來。生命的本來反映在最精妙的原始物質內，乃有一覺。因爲物有覺，才知有我，以次有意念，並生起五種能感的五唯元素而得五官之根，才有五大物質元素。到此地步，仍然是見不到、摸不著、無形體的，可以說只有「象」而無「相」。要到五大物質元素變得更粗，成爲具體有「相」的地步，才是我們能見到、觸摸到的身體。因此，身體是「末」，不是「本」。而我們卻捨本逐末，樂此不疲，殫思竭慮，日夜操勞，幾乎都是爲了侍奉、榮耀這個身體，滿足它的欲望，忘了身體應該是要用來侍奉、榮耀生命的本來。這個本來或可稱之爲「神」、「佛性」、「那個」，這些都是代表的名詞符號。

瑜伽須把握「以心領息，以息領身」

所以，我們常人可說是在身體這一關就被絆倒了，往往過不了這一關而前往更深層的生命。用佛家的話來說，我們是因爲身見太重了。我們在哪裡給絆倒，就得從哪裡爬起來前進，讀者看了本書應該會認識到，哈達瑜伽的訓練，就是讓我們從身體這一關開始，教人如何以體位法、呼吸法、潔淨法等等爲入門階，調理好這個肉身，才可以比較容易經由靜坐冥想的修行手段，去一一驗證自己除了肉身以外的層層更精微的「身」，而終於悟到這些「身」都不是自己的本來。

所以，練身、練呼吸都是手段，是一種方便之門，不是哈達瑜伽最終的目的。若僅僅在鍛鍊身體的階段上精益求精，反而會容易讓身見變得更重，豈非適得其反？本書作者斯瓦米韋達爲當今流行的運動健身類型瑜伽取了個名字，他稱之爲「好萊塢瑜伽」，特色是講求娛樂效果，崇拜明星，大家聚在一堂練瑜伽有如看場戲，散場之後一切如舊，把瑜伽留在教室。

我們說時下很多人去做瑜伽體位法的目的是爲了健身，可是爲什麼大家會樂於做瑜伽而不是去健身房，或者去做其他的運動來健身呢？這有個很妙的原因，就是在練體位法時，除了覺得身體的舒適之外，還會有股微微的喜樂感，這種喜樂感會讓人上癮，吸引人持續做瑜伽。這種喜樂的感覺，究竟從何而來？

瑜伽體位法是要能夠「以心領息，以息領身」，利用呼吸來帶動身體，讓心念去領導呼吸。即使做不到這個境界，至少應該要能持續覺知自己呼吸的狀態，這幾乎是所有的瑜伽老師都會不斷提醒學生的事。可是學生往往一動起來就只顧到身體，無法看住自己的心和呼吸。

斯瓦米韋達在本書中，提供了一個很好的「靜態」練習方式：保持坐姿不動，身體完全放鬆，只在心中觀想動作的流程，包括每一個呼吸、每一條肌肉移動時的感覺。在心中先演示之後，才實際去做。這是在練習養成習慣，讓心去觀察呼吸，讓心去領導身體，這才是專注地練瑜伽，而一切喜樂都是來自於專注。

在練體位瑜伽時，我們可能無法整堂課從頭到尾都保持百分之百的專注，但卻能在斷斷續續的專注裡，點點滴滴地嘗到呼吸與體位連結所帶來的快感與舒暢。因此，練體位瑜伽所產生的喜樂感，第一是來自於心念的專注。

哈達瑜伽是以身禮讚天地，同時可消業

斯瓦米韋達說，哈達瑜伽的體位法就是用身體以詩歌般的韻律和姿勢，來表述對

天地、神明和生命的禮讚及禮拜。有參加過心靈詠唱的人都知道，虔心唱誦聖詩或是佛讚過後，心內都會感受到平靜和淡淡的喜悅。如果能把體位當作是一種歌詠、一種奉獻、一種禮拜來做，會有同樣的平靜和喜悅感自不出奇。

斯瓦米韋達還提出一個有趣的觀點，練習體位法可以幫助「消業」。我們總以爲體位法可以「消脂」，不知原來還可以「消業」。他以注射微量疫苗讓身體產生抗體來提升抗病毒能力爲例，正確的練體位法，也是讓身體承受微微地不適，然而內心要保持平靜，沒有掙扎不耐的感受，這就像是注射疫苗，不但能提升抗壓能力，也是在讓累積的業報緩緩釋放；又如同經常的輕度地震有助於釋放地殼摩擦所積聚的能量，因而降低甚至抵銷強烈地震的威力。我們心靈深處會因爲業力的減輕而得喜樂，或許這也是爲什麼很多人喜歡做瑜伽，卻又說不出個所以然來的一個原因吧！

修行並非在練身或氣功，而是在練心

哈達瑜伽從調身、調息（pranayama）入門，更能領人進入神祕的昆達里尼瑜伽

（Kundalini Yoga）❶。練哈達瑜伽的大師在我們想像中大概都是身輕如燕、氣脈調和、健康無病的人吧？事實上，可能也應該如此。不過，本書作者斯瓦米韋達卻非典型的例子，當然，他謙說自己並非哈達瑜伽的老師。老實說，譯者初次遇見斯瓦米韋達時，就深深被他廣大淵博的智慧，以及祥和寧靜的人格特質所吸引。隨後的近距離接觸反而感到意外，爲何這樣一位「瑜伽大師」的身體居然如此不堪？他心臟的動脈血管幾乎完全堵塞，有三十多年的糖尿病史，脊椎有五節嚴重受損。他本來已經是「舉步艱難」，近年來身體健康更令人擔憂。可是，他打起坐來，背脊豎直，文風不動，他說是受那股能量所撐住，想彎都不可能。而眞正奇特之處，是他的心境一貫完全不受身體拖累，每天仍然能連續幾個小時寫書不輟。你可以形容他有如春日般和煦，更可以說他眞的做到了望之如一輪皎潔的明月。

❶斯瓦米韋達近幾年有一本描述昆達里尼的專書——《*Kundalini: Stilled or Stirred*》，其中他特別強調，若真正喚醒了昆達里尼，身心都將處於無比寧靜的境界，而不是一直動個不停。（此書中文版書名為《拙火瑜伽》，明名文化出版，二〇一四年。）

這個疑問在譯者心中盤旋了一陣子，後來才逐漸意識到，他正是在活生生地展示給我們看，修行不是在練身體，也不是在練呼吸和氣功，而是在練心。心要能做身的主，而不是像我們凡夫倒過來讓身體做了心靈的主，身體稍有小礙，精神就垮了。所以譯者以爲，他帶給我們的驚奇，不是爲何他的身體如此孱弱，而是他如何不讓身體的情況影響到心境的平和與喜悅。當然，他還有禪定的功力，所以能讓他安全地度過幾次危急的關頭。

本書主要的章節，基本上是根據斯瓦米韋達歷年來以「哈達瑜伽」爲題的授課錄音，加以整理翻譯而成，其中大部分內容是屬於初次出版面世。虔心希望對於熱愛瑜伽的朋友們有所助益，若有任何謬誤自是譯者筆拙所致。

第一部

哈達瑜伽概說

什麼是「哈達瑜伽」(Hatha Yoga) ?
「ha」意指「日」,是代表日能的種子咒字,是指右脈;
「tha」意指「月」,是代表月能的種子咒字,是指左脈。
所以,哈達瑜伽就是結合右脈與左脈的能量於中脈。

一旦你悟到自己身體和宇宙之間的連繫關係,
便能體會到無所不在的「力」之場。

1 什麼是「哈達瑜伽」？

「斯瓦米，你從哪兒來的？」

「我來自西元前二十一世紀的吠陀修道院。」

我的內心活在西元前二十一世紀，但我用西元二十一世紀的手段來傳述四千年前的學問。在當今世上，不論是東方和西方，到處都是瑜伽、瑜伽、瑜伽，可是你們日夜所啜飲的瑜伽只是瑜伽大海中的一滴，僅僅只是小小的一滴。還有極多的、如不斷流注的恆河之水，你還沒有機會跳入其中浸浴一番，瑜伽大海的浩瀚是不可思議的。你以爲自己已經從瑜伽受益良多，可是還有多到無法想像的瑜伽精義是你從未接觸過的。

我第一次去到西方世界時，有間英國的學院請我以「瑜伽」爲題做個講座。我那時根本不知外面世界對瑜伽的認識僅止於體位法的瑜伽，而我所認識的體位法是《瑜伽經》「八肢瑜伽」（Ashtanga Yoga，八個環節、步驟的瑜伽修練法，或稱爲「王道瑜伽」）❶其中一肢的「調身法」（asana，或稱爲「坐法」），和其他七個環節密不可分。結果我到現場和大家講帕坦伽利（Patanjali）的瑜伽哲學，每個聽眾的臉上都流露出失望的神情，除了一位來自日本的男士，他頻頻點頭認同。其他人根本不知道我在講什麼，他們大概以爲我會露兩手軟骨功之類的功夫，而我完全不知道那才是他們心目中所謂的瑜伽。

後來美國明尼蘇達大學請我擔任梵文教授，我開了一門名爲「瑜伽」的課程。開課當天有一百五十個人來聽講，到了第二堂課只剩下了五個人。因爲我滿口都是瑜伽名詞，卻又沒把鼻子碰觸膝蓋，讓那些興致勃勃來聽課的人大失所望。

---

❶帕坦伽利（Patanjali）的《瑜伽經》（Yoga Sutras）中提到瑜伽的修練有「八肢」（Ashtanga），分別是：夜摩（Yama，持戒）、尼夜摩（Niyama，精進）、調身（Asana，體位法）、調息（Pranayama，呼吸法）、感官內攝（Pratyahara）、專注（Dharana）、冥想（Dhyana）、三摩地（Samadhi，無間斷地深度冥想於「真實」）。所以，一般人所練習的體位法，就只是瑜伽八肢中的其中一肢。這「八肢」有如階梯，修練者逐步向上走，最終達到三摩地的境界。

對於亞洲的瑜伽老師們，我必須很抱歉地說，你們大多數人在教的瑜伽已經脫離了自己文化的根，請把它帶回來。當然，我也有過非常美好的經驗。有位亞洲的母親帶著她五歲的兒子來到我們在印度的道院，這孩子能跟我們一起靜坐，完全不會坐不住。幾年前，另外有一團亞洲的朋友來道院聽我講課，每天三堂都是用英語教學，他們幾乎完全聽不懂英文，可是在十五天的課程中，他們就全神貫注地坐著，從不缺席，下課後才由團長把我講的內容摘要翻譯給他們聽。我問團長：「你們團員聽不懂英文，可是仍然堅持來到課堂，坐著一動也不動，這樣不會很無聊嗎？」團長說：「我們坐在你的跟前，就是上課的目的。」這就是我所謂的「亞洲文化的根」。我懇切地請求你們一定要把它帶回來。

瑜伽的道理和道家是相通的。你們要研讀瑜伽的哲理，更應該要去研讀自己的道家哲理。當今有幾位瑜伽老師讀過《道德經》呢？道家與瑜伽不只是相通的，更是相同的。請別爭論是誰借用了誰的理論，我們都是借用自同一個更高的源頭。二〇〇五年，我去中國西安的道家聖地樓觀臺，那裡曾經是老子講經之地，是個有著非常強大聖潔能量的所在。我也拜會了樓觀臺的道長，他不會說外文，而我不會說中文，但是我們彼此的心靈相通。他非常高興這次的相遇，爲我即席寫了一幅字❷，現在還掛在我於印度的斯瓦米拉瑪修行學院（Swami Rama Sadhaka Grama）的會客室中。希望你們能研讀自己祖宗的文化遺產，要珍惜它，要恢復它，把它傳播到世界各地，當世界的老師。

「哈達瑜伽」的定義

修練哈達瑜伽的人，無論是學生或老師，都應該時時刻刻把哈達瑜伽的哲理放在心頭。

哈達瑜伽的每個姿勢、每個動作都是在表述一種哲理。不！不是表述哲理，應該說哈達瑜伽的每個動作，都是在體驗瑜伽哲理是如何得到實現，能做到這個地步，就是「瑜伽」。

---

❷那是一幅「仙佛同源」合體字。「仙」指的是來自中華的道家傳承，「佛」指的是來自印度的心靈傳承。

「hatha」的字義是「出力」

什麼是「哈達瑜伽」（Hatha Yoga）？梵語「hatha」的字義是指「出力」、「用勁」，這是這個字最粗淺的含意。因爲在初始階段，「hatha」是用來打斷身體的習慣，幾乎是要強迫自己去做。身體總有慵懶的習慣，所以要破除這個習慣，強制它接受新的習慣。但這並非要你死命地去出力，有如在與人角力或舉重似地使勁，而是不用蠻勁，非常輕柔地出力。

「hatha」是指結合右脈與左脈的能量於中脈

一旦你了解到這巧勁是來自何處，你的想法就不再局限於這個身體的「力」而已，你的理解就提升到天地宇宙的精義，體會到無所不在的「力」場。那麼，這個字對你的意義又會改變，你所意會到的是「日」和「月」。當你悟到自己身體和天地宇宙之間的那種連繫關係，以這樣的心態去修練哈達瑜伽的體位法，才能同步去修練種種不同領域、不同層次的瑜伽。

「hatha」這個字拆開來，「ha」意指「日」，但並非是指每天清晨在天空升起的太陽。「ha」是代表日能的種子咒字，也代表「陽」，是右鼻孔的呼吸，也就是右脈（pingala）。「tha」意指「月」，不是天上的月亮，而是代表月能的種子咒字，也代表「陰」，是左鼻孔的呼吸，也就是左脈（ida）。「瑜伽」則意指「結合」、「相應」。所以，哈達瑜伽就是結合「日」（右脈）與「月」（左脈）的能量於中脈（sushumna）。如果你懂了這個，就會懂得全部的哈達瑜伽、王道瑜伽（Raja Yoga）、昆達里尼瑜伽、咒語瑜伽（Mantra Yoga）的哲理。大家學瑜伽大概都知道「脈」（nadi）是人體內能量流動的渠道，主要的脈就是左、右、中這三條脈。

梵語「sushumna」（中脈）的字尾「mna」和英文的「mnemonic」（記憶）一字有關，是指「憶想」、「沉思」。梵語「sumna」是指美麗的心靈所帶來美好的記憶，而「sumana」則有「花朵」之意。根據印度傳統醫學「阿育吠陀」（Ayurveda）的理論，任何兩條脈交會之處稱爲「脈交」（sandhi），超過兩條脈交會之處則稱爲「脈輪」（chakra），脈輪就是那美麗的花朵。什麼是對美麗花朵的記憶？就是瑜伽大師眼中的你，你讓他想起美麗的花園。你知道自己的花園中有多少朵花嗎?至少有七朵百合[3]，園中還包括了那朵千瓣蓮花，以及很多其他的花朵。

「sushumna」字首的「su」是加強語氣，指「更」美麗的花朵。如果你不能美化心靈，就進不去那美麗似花朵的中脈。如何才能有美麗愉悅的心（chitta-prasadanam）呢?《瑜伽經》第一篇的第三十三段經文說：「對在樂境之人以慈，對在苦境之人以悲，對有德之人以喜，對無德之人以捨，能如是修行者，其心地將愉悅而清明。」如果你覺得我講得太抽象，我這是在輕輕地將你帶到比較微妙的瑜伽領域中。

要進入中脈的方法，即是靜坐，在此便有幾個相關的問題，例如：「靜坐在哪裡坐最好?」「在什麼時間靜坐最好?」最好的靜坐處所是「赤道」（equator）。赤道一般是指南北半球的等分線，在密法（tantra，音譯爲「怛特羅」）中，是以古代梵語稱爲「等分」（vishuva）[4]，而在瑜伽的修練中，它象徵我們左、右腦半球連接之處。它所指的並非地表上人爲假想的一條線，而是極微妙的、不可見的一條能量流形成的線。我們真正靜坐，就是要坐在那條赤道上。

最好的靜坐時間是月圓或無月的日子。據說月亮是大梵天（Brahma）的心念所形成的，而當宇宙消亡之時，你就會成爲一個純粹心靈的存在。宇宙何時會消亡？上個世紀有好多預言說宇宙會毀滅，結果都並未發生。我們會說，宇宙消亡的時間由你決定。密法怛特羅說當「七星連珠」——七顆星連成一條線的時候，宇宙就會消失。事實上，你現在就可以把它們連成一條線，對你而言宇宙就會消失，你就會成爲一個純粹心靈的存在，這一切祕密都在「ha」與「tha」結合的中脈裡。「瑜伽」就是結合，左腦和右腦在此相遇，身體的左半邊和右半邊在此相遇，「呼」和「吸」在此相遇。根據密法怛特羅的宇宙學，我們內在宇宙的星球體系中，月亮處於最高位階。這個月亮並非炙熱如太陽，而是絕對的清涼，光如千萬個月亮之光。

那七顆星也是七朵蓮花，最上面的那一朵光亮有如千萬個月亮。此處的寧靜遠勝

---

❸中脈銜接（貫穿）了七個主要脈輪（花朵）。

❹梵語「vishuva」的字義是「春分」或「秋分」，是每年兩次晝夜長短相同的日子，此時地球軸心線與太陽併行不偏，太陽的球面頂點位於地球赤道的正上方。

於一切寧靜，你在物質宇宙世界所經驗過的寧靜，只不過是那輪滿月於清晨時分滴在蓮花瓣上的一滴露水。有時你進入自己內在靜默的深處，就可以嘗到那輪明月所滴下的露水，一滴滴都是甘露（amrita）。所以，你會說：「我覺得如此寧靜。」你就得到寧靜，就得到寂止，這才是經歷到眞正的心安。

印度人形容和藹可親之人，會說此人有如皎潔的月亮一般（saumya），是讚譽之詞。望見此人，就有如在清朗無雲的夜空中，望見一輪圓滿的明月。希望你們都能成爲這種人物。

讓我引述《哈達瑜伽燈論》（*Hatha Yoga Pradipika*）的幾段文句：

哈達瑜伽的智慧光芒有如階梯，接引嚮往最高瑜伽境界的王道瑜伽。

（第一篇．第一句）

教導哈達瑜伽學問之唯一目的是爲了王道瑜伽。（第一篇．第二句）

應熟練一切哈達瑜伽系統內的種種功法，直到成就王道瑜伽爲止。

（第一篇．第六十七句）

那條王道即是要達到「赤道」之道；是陰與陽交會之線；是主動與被動交會，而主動將成爲被動，被動將成爲主動；那是日光和月光交融而成的單一光線，也就是心念成爲一股勻稱的流體。這些都需要自己去體會，如此地去修練。

從三個角度認識哈達瑜伽

以苦行征服心

有種瑜伽稱爲「行瑜伽」（Kriya Yoga），其意是指「一整套施行、實踐瑜伽的修練方式」。任何瑜伽的行徑都是行瑜伽，完整的行徑包括心的實踐，可能是在履行咒語、靜坐、言語、體位或某些道德標準。瑜伽最主要的典籍《瑜伽經》，在第二篇開宗明義的第一條經句就是在定義「行瑜伽」。在行瑜伽的定義中，第一個構成的要素即是「苦行」（tapas）。

苦行是刻苦而行，專注於實踐，以極專注的心念趨向目標而從事於某種活動，需要些微出汗、些微出力。梵語「tapas」原本意指「發熱」、「加熱」，所以，任何的修練都應該要有些苦行的因素在內。《瑜伽經》的作者帕坦伽利在經文中並未使用「hatha」這個字眼，他所用的字是「tapas」，意謂修練要有熱度及高度專注，乃至於到發出微汗的地步，盡一己最大的努力。

在《瑜伽經》中的另一個段落，苦行被列爲五個「尼夜摩」（niyamas，五條必須遵行的行爲準則）的第三條。在所謂的「八肢瑜伽」的八階修練中，尼夜摩是第二階。苦行不一定是要人以大地爲床或在荒漠中斷食，它只是要求你全力以赴，高度集中於某一個目標，注意力放在面前的某件事上，再稍微多驅策自己一點，比昨天再多向前邁出一步，這就是苦行。沒有苦行就不能淨化。

修練過哈達瑜伽的人都可能有過這樣的經驗，在練習體位時，由於極度專注以至於能覺知身體所用到的每一寸肌肉。每當驅策自己重複去做某件事，不論是哈達瑜伽的某一個體位，或重複唱誦、憶持某一個咒語，甚或僅僅重複某件要記住的東西，都需要集中心力，直到那個動作或程序已經深深地進入你的下意識之中。否則，你做起來就仍然還是在造作，不是自然的，它仍然和自己的身體、自己的生命是分離的。這就像剛學開車的人，要非常留心地去操作換檔、煞車、踩油門、移開腳、注意看這裡、望那裡，要做的事很多，非常慌亂。但是在不斷練習、練習、再練習之後，開車就變成一種本能似的活動，對於自己的每一個動作，就可以完全不必費心地去注意了。

又如你剛搬新家，第一天開車回家時必須特別留心回家的街道路線。第二天，你仍然需要刻意去記住路線。但到了第三天或第四天，你下班回家，一不留心居然又開到回舊家的路上，這是因爲習慣在作祟的緣故。要過了一陣子之後，你自然便能不假思索地開回到新家。

所以，苦行就是一種生活態度。對某件事重複地去做、專注地去做，一直做到這事成爲自己內心深層的一個自然而然的部分。去從事苦行的目的，是爲了讓自己的心變得更加堅強，藉由令人感到些許不悅的活動，來克服我們對於苦和樂的分別執著心，而達到淨化的效果。

又例如你決心明天早上六點起床，以後每天早上都六點起床，有的人覺得自己辦不到。你每天早上六點起床，做了四天、四十天、四個月、四年、四十年，你就會發現自己的心有能力做到。只要重複去做，你就能明白自己的心有那個實力。這就是一種淨化的過程，心不再慵懶，不再有玩忽的態度。只要重複去做，能稍微「使點勁」（即「hatha」此字的本義），你就能改變心的慣性。心原本會睡到早上八點、十點，乃至中午，在重複早起一段時間之後，你就打破了心的慣性。現在六點變成了正常、自然的起床時間，於是心得到了某種淨化，揚棄了某種不好的習慣。等你到了如此淨化的程度，能克服心中慵懶的、原本不淨的部分，你會自問：「現在我的下一步是什麼？」你就會爲自己設立下一個小目標，例如征服自己的身體。

哈達瑜伽是在征服身體。每個人都想要去征服外面的世界，而世界上最大的征服是自我征服。對一般人而言，自我征服要由征服身體開始，只有極少數的人能夠先征服自心，從而征服自身。別把身體當作自己的敵人，可也別讓身體做了你的主；你要做身體的主，改變它某些習慣。這一切都算是苦行。加熱、使勁，反覆地去做某事，一而再、再而三地去做，以此方法來改變習氣。

在古代和中古世紀，有些門派教導非常極端的苦行，那對於修練者和觀看其修練的人都是一種不愉快的經驗。到了十九、二十世紀，對於那種苦行又矯枉過正而走入另一極端。十四至十六世紀的宗教人士，他們的目的是透過折磨的苦行來淨化自我以求通達於神，現代人則是以追求舒適爲目的，於是極端的苦行讓路給了極端的舒適。

其實，哈達瑜伽應該是一種舒適的苦行，別把自己弄得過分不舒服，但仍然要使點勁才行。如果你練習起來是和諧的、輕柔的，就可以達到它本來的目的。時間久了，你練習時會覺得舒服，不練習反而會不舒服。所以，一貫以來這是一種溫和的肢體苦行，而且要記得修練它的目的即是爲了征服身體。

爲何要征服身體？我們以基督教主張要克服肉體爲例，在西方世界，提到克服肉體，立即會讓人想到是要控制性欲或其他的欲望。但在此所說的征服身體，不僅僅是指控制欲望而不顧其他，我們是要能控制整個身體的所有功能。當你在練習體位法的那段時間裡，其他的欲望都不會生起。爲什麼？因爲心一次只能欲求一件事，例如四十五分鐘的練習裡，你把心設定在觀察身體從蓄意放鬆，到變得放鬆、舒緩緊張，直到身體被訓練成會服從心的指示。按時練習、天天練習哈達瑜伽的人，會比不練習的人更能控制肉體的欲望。我們並非在宣揚清教徒式的理念，也不是主張人生就該禁欲。如果你能好好地理解、感受自己的身體，就會越容易控制這類欲望。你會知道如何將這樣的能量引導回到自己的身心系統，循環再用。

以心來征服身體，這就是學習哈達瑜伽哲理的第一個目標。身體應該要受心的控制，心說：「動。」身體才跟著動；心說：「不要用手支撐，單用小腿的肌肉、膝蓋、大腿肌肉去站起來。」身體就照著做。身體不會說：「噢！我覺得很懶，我只想躺在這張鋪了柔軟床墊的、舒服的床上。即使這床墊會扭曲我的脊椎，但我覺得很舒服。」身體常常使用這種慘白無力的理由來控制心，你一定要學會不屈服，否則你就無法長時間靜坐，呼吸不能深沉，就無法保持健康。

以禮拜使心、口、身合一

修練哈達瑜伽第二個目的是爲了禮拜。古代的瑜伽大師之所以要將哈達瑜伽變成一門學問，就是要透過修練哈達瑜伽來淨化身體。如果身體未得到淨化，它遲早會帶來各種問題，跟著會妨礙到心的寧靜，讓心無法深入禮拜、祈禱和靜坐。所以，這種出力、輕輕使勁的苦行，可以讓整個哈達瑜伽體系能和帕坦伽利大師的瑜伽體系無縫接軌。

哈達瑜伽和禮拜有著密切的關係。一般人在修練瑜伽體位法時，可能不會帶著一種虔誠、肅穆的心理去練習。但對我而言，做哈達瑜伽就是一種對神禮拜的方式。這個說法可不是我發明的，也不能算是一種新的詮釋，千百年來瑜伽大師做哈達瑜伽就是在禮拜，不過是到了現代，哈達瑜伽才開始跟禮拜分家。在西方世界固然如此，連印度也不能倖免。現代人所理解的禮拜，似乎僅限於口中的禮拜，例如唱聖詩、誦念祈禱文、表達感召之情等等，而以身體和心來禮拜的方式，似乎已經為人所遺忘。

追求眞理的人就應該要身、語、意三者合一。對古人而言，一個人所信奉的眞理必然會反映在他的言行上。也就是說，口中所說的必須要和心中所想的一致，身體所做的必須要和所說的一致，能夠如此，所作所為必然能夠圓滿成事。心念和言行不能分家，這個道理用在哈達瑜伽上，就是指禮拜的心念和肢體的動作必不可分離。肌肉、骨骼和心、口等，都必須要同時運用。

瑜伽的拜日式就是個禮拜的好例子，可以讓人在練習中去體會身心全體投入是何種感受。印度人習慣每天早晚面向太陽做禮拜，其實不只可以面對太陽，也可以面對其他美麗的自然現象，例如坐在河邊，在有流水的地方靜坐是最美的經驗。太陽是光明的象徵，理想的生活方式即是在日出前起身。在印度鄉下，村民通常在日出前走出村莊，到附近的流水中沐浴清洗。清晨三點至四點半左右是所謂「神的時辰」（brahma-muhurta），當然在其他地方因為日出時間不同所以會有差別。這「神的時辰」是非常奇妙的、有強大力量的時辰，我們周圍的能量場在此時會特別強烈，所以是從事禮拜、苦行和任何修行活動的良好時機。而在這個時段，我們的能量也有可能會扭曲，有人因而造作暴力罪行；婦女生起愛意而受孕的機率高；病人在此時段內死亡的風險也比較大。

當然，並非每個瑜伽修行者都會在這個時段去靜坐，但是在印度大部分的修道院中，這是起床沐浴、開始做功夫的時間。我不是主張你非得在此時開始一天的活動，這不必太拘泥執著，因爲每個地方在各個季節日出的時間不同。梵語「sandhya」（禮拜）也意指「日出、日落」，它是個轉折、連接點——白天和黑夜的銜接處。

在瑜伽裡，我們再三重複一個很重要的觀念——個人的小宇宙和大宇宙是相應的。這不僅是哲理，也是實修。例如，在盤腿靜坐時，身體大致會形成一個橢圓狀的卵形。凡是這個卵裡面有的事物，也同樣存在於大宇宙的那個卵裡；凡是宇宙之卵裡有的事物，在這個個人之卵裡也都存在。梵語「yoga」的字義是「結合」，就是要找到兩者的連繫關係，把兩者結合起來。

早上面對升起的太陽是個從事禮拜的時機，修練哈達瑜伽就是在建立身體和外在世界的連繫。你站在室外，面對著朝陽，向上仰望，先放空自己的身體。讓自己和那一片光明融合，那是你內在的心靈之光、生命力之光，也是整個宇宙的太陽之光。你要在心裡先建立這樣的連繫，否則就還未進入修練瑜伽體位的正確心態。瑜伽的本義是「結合」，當你開始做拜日式時，就要去和整個光場的「元精」相結合，心智之光和太陽之光都是同一個光的「場」。你面向太陽站著，它就成了你禮拜對象的象徵。「我內在的太陽也升起，綻放光明」這個念頭一起，整個身心就會充滿能量，此時你自然而然就生起禮拜的心態，想不要都不可能。

祈禱時所用到的脈輪是「心輪」（anahata chakra），因爲奉獻和祈禱的心識中心就在心窩處。拜日式開始是以雙手合十當胸爲第一式，它也是結束的最後一式。有人覺得不解：「爲什麼要做這個動作？」「它有什麼好處，難道是在強化手腕或手指？」如果你只是在追求這種外在的、有形的好處，你修練哈達瑜伽的成就將會非常有限。

學習拜日式時，老師要學生將雙手合十，兩個拇指的手指骨邊緣要輕輕出力抵住心窩處。心輪是掌管情緒的中心，當它受到這微微的壓力，情緒就會被釋放出來。你會覺得內在產生一股謙卑、虔誠的心態。而當你在心窩處小小地用力，頭部立即就會自然地彎曲，頭跟著垂下來。身體之所以會有這樣的反應不僅是生理的因素，同時也是由於虔誠禮拜的心態所引起的。你要先去感受它，然後才挺直身體，開始下一個動作。

所以，哈達瑜伽是以身體在做禮拜，每一種姿勢都有心靈的關聯意義。雙手合十但十指不緊貼，手指微微彎曲輕合，象徵著一朵含苞待放的花。這朵花放在心窩之前，心想「世界上每朵花所蘊藏的花香都含攝在我心中，隨著我的祈禱、禮拜，隨著我為神聖對象奉獻一己而釋放出來」。

不只是修練哈達瑜伽才會如此，印度傳統舞者在開始舞蹈前都會先做一段唱誦，這是一種禮讚和禮拜，意思是要把自己交付出去。舞蹈源自於寺廟的儀式，是由身體行禮拜的動作姿勢所演變而來，在寺廟中還會以舞蹈形式去演繹救世主下凡的事蹟。也許西方人會認為，在聖誕節的彌撒中加入舞蹈部分是很奇怪的事；但是在印度，禮拜克里希那（Krishna，神的轉世人物）時，假如沒有以某種類似舞蹈的動作來表達禮拜，反而才是不可思議的事。

如果你不願意用「神」來稱呼那個神聖對象，你可以用太陽、老天，甚至任何對你而言是神聖的名字都無妨，重要的是你在開始修練哈達瑜伽之際要懷著虔誠禮拜的心態。你便能自然而然的進入拜日式的第二個動作。

你抬頭面向太陽，「我仰望您，我打開眼睛，張開手臂，我迎向您」，感受那生命力的降臨，「我雙手伸向整個宇宙，以我指尖的光芒去觸及照耀一切星系的光明」，「您拉著我向上，我的精神、靈魂都因您的光耀而得提升，而我自覺如此渺小、卑微，我對您拜下」，開始第三個動作。

你雙手下垂，手指接觸到地面，那是此刻你所站立的堅實大地。那光明、能量、光耀也在大地之中，也從大地上升到你的內在。你雙手觸地，往下伸展，頭低垂到兩膝，你見到一切生靈，不只是天使、神祇、他們的轉世，也見到一切凡夫乃至四足的生靈。你和低下的生靈同心，從他們的眼中去觀看大地，大地同樣養育著他們和你。所以，此刻你和他們一起分享這一切。開始餘下的第四個至第九個動作，然後回到前彎的第十個動作，才起身再度仰望，最後回復雙手合十當胸。

整套拜日式就是用身體來表達一首禮讚的聖詩，日月都在其中，有光明、有清涼，有出勁、有放鬆，有外在的、有內在的，有自己放光的、有反映而放光的，還有平衡左、右鼻孔呼吸的一些技巧等等。如果在一天開始之際能以身體去朗誦這首對宇宙禮讚的詩歌，你就能充分享受哈達瑜伽之樂。整套動作都應該以這種心態來練習，每個姿勢都是一種象徵，要體會到它所要表達的心意，如果你的心無法和這首聖詩的態度同調，就不算是哈達瑜伽。

每個體位的名稱都有其意義。例如，舉起雙臂迎向天空並非在練手臂的肌肉，而是將手臂供奉給神明，「我的雙手奉獻與您，請賜給我力量」。向上抬高後仰是仰望於天，讓太陽、光明充盈於一己之中，觀想自己內在的光明上接宇宙之光耀，然後呼氣俯身回到大地。呼氣向前下彎是象徵著謙卑，向大地屈身。

哈達瑜伽之所以要保持姿勢不動，是讓我們保住已經注入自身的東西不要外洩。宇宙本身有循環，有生、住、滅三個階段。體位也有生、住和回復到開始的循環，定在姿勢中越久，就象徵著延長住世，也的確有延壽的作用。

以身體姿勢征服情緒

在各種體位姿勢中都要保持覺知，不只是覺知身體的情形，你還能覺知到：「當我把身體擺成這個姿勢，心情會變得如何？」或反過來說：「什麼樣的情緒會讓我的身體擺出這個姿勢？」這是雙向交互影響的，你要了解自己的身體語言，它和哪種情緒或哪種念頭有關。你可以去實驗它、仔細觀察它，進而控制它而征服情緒。

什麼是「情緒」？我們所受的教導告訴我們，靜默是連要說話的念頭都不生起。可是這個要說話、想要表達想法的源頭在哪裡？源頭就在情緒裡。情緒是一種介於「習氣」（samskara，潛伏的慣性）和「心念」（vrittis，從潛意識的水庫裡生起的一陣陣如浪的心念）之間的東西。「習氣」隱匿在我們之中，即一般人所謂的「無意識」之所在，那是我們的意識或大腦皮層所無法覺知的東西。我們的「習氣」在尚未形成「心念」之前，會先成為心念的底蘊，此時還是一種混沌的念頭，還沒有成為語言所要表達的具體念頭。這個心念的底蘊，就是一般所謂的「情緒」。

接著，這個心念底蘊就想表達自己，想要把內在那還未表達的東西造作成種種的信號和象徵。要讓自己不起這種念頭，就要從心念的底蘊開始淨化，從言語、心念尚未具體成形的層次著手。然後，想要說話的念頭就會變淡，情緒就不再是我們與人相處和溝通的主要動力。到了那個階段，我們開始學會用別種方式來溝通，那才是眞正的溝通。

能征服情緒，就表示你的人生不再被情緒這位暴君所操控，表示你能做得了情緒的主。你知道什麼是「情緒暴君」嗎？例如，「我心情不好，所以這事我做不來」、「我陷入低潮」、「我鬱鬱不樂」。你能一早醒來，看著朝陽仰望天際，把光明帶入自己的身體，然後俯身感覺那光明也在大地之中，正由腳而進入全身，我們再直立仰天，有如重生。如果能有如此的體驗，你的一天怎麼可能會陷入低潮而鬱鬱不樂呢？但是假如你就坐著不動，雙肩低垂，喃喃告訴自己「我是太陽、我是光」，這是不夠的。你一定要經由種種的身體姿勢，培養堅強的心態，然後才能征服情緒的暴君。

印度的上議會成員中有些是由各個不同職業團體所選出來的代表，過去有一位非常著名的演員是文化演藝界的代表議員，他以飾演《薄伽梵歌》（*Bhagavad Gita*）中的主角克里希那聞名。有次，他被人問到爲何他扮演這個神主的角色會如此成功，究竟祕密何在。他說：「祕密？如果有祕密的話，就是當我扮演神主這個角色時，我不是站在拍戲的場景中，我是站在五千年前的戰場中，而我就是克里希那。那時，好像克里希那盤踞了我的身心，他透過我在講話。那個時刻是我人生中最靈性化、最深禪定的經驗境界。我完全感覺不到攝影機的存在，我不是在拍片，而是在對《薄伽梵歌》中第二主角阿周那王子開示最高深的哲理。」這就是哈達瑜伽的祕密。你單靠哈達瑜伽也可以達到解脫自在。

在修練哈達瑜伽時，你擺出各種不同的身體姿勢，然後觀察自己。假如我不是雙腳站立的生物，也沒有雙手，假如我是條眼鏡蛇，世界是什麼樣子的？你去做眼鏡蛇式的體位，從蛇的觀點來看世界，看看那是個什麼樣的世界。譬如你覺得從眼鏡蛇學到的啓示是去感覺自己脊椎周圍的肌肉強度，以及去體會胸腔如何吸滿空氣。然後，你接著想自己不用一直當條蛇，現在起身……。練習一節哈達瑜伽，你可以經歷整個轉世循環的過程，可以變爲一棵樹、一隻蝗蟲，或一條鱷魚，或眼鏡蛇、老鷹、駱駝、獅子、嬰兒、戰士，或一具死屍，經歷整個生、住、滅的循環。每天都可以用你的意志生出某種情緒、保持它，然後用它來取代不好的情緒。好的演員進入某個角色，就成爲那個角色。好的舞者會說，眞正的舞蹈是發自於內心的情緒。你營造出那個情緒，你就是它了。

哈達瑜伽不只能幫你征服自己的身體，還能讓你征服情緒，讓你內在變得清淨，就不會有煩惱、壓力，你自然能有快樂的一天，不論身處何地，都會開心輕唱。開車接送我的人都會注意到，我搭車時如果不是在靜坐，就是在唱歌。你要學會如何自得其樂，就如印度人常說的一句話：「開心點！連風都會令你發笑。」

2 哈達瑜伽的典籍與體系

重要典籍

「hatha」（哈達）既然是一種瑜伽，被瑜伽之學奉為圭臬的帕坦伽利的《瑜伽經》當然是哈達瑜伽的基本典籍。特別是《瑜伽經》中第二篇「修行篇」內的第四十和第四十一段經句❶，以及第四十六至第五十五段經句❷，還有第三篇「成就篇」內的第一段經句❸，都與修習哈達瑜伽關係密切。

再來，當然是十七世紀斯瓦特瑪拉瑪（Svatmarama）大師所著的《哈達瑜伽燈論》，這是哈達瑜伽最有名、最根本的典籍。學哈達瑜伽就一定要讀這本書，此書的前半部談體位法瑜伽，後半部則是談昆達里尼瑜伽（Kundalini Yoga）。

如果你去讀《哈達瑜伽燈論》，在該書第一篇的第五至第九段列出了三十三位哈達瑜伽祖師的名字。在東方，每當有人要爲某種學問寫書或開始宣講之際，一定會先對這門學問的祖師致敬，僅僅讀誦出祖師的名字就是一種致敬方式。我們仔細看這些名字，就會發現當中有很多並非梵文名字，這表示哈達瑜伽傳承的源頭可能比古典梵文時期還早，或者是出自和古典梵文時期併行的另一種語系，例如南印度的塔米爾語（Tamil）。

我們無法肯定這些祖師來自何處，古代婆羅門階級的梵文作者有些是非常高明的抄襲者，他們看到或聽到什麼好東西，研究消化了之後就把它寫成梵文書籍，從此變成了梵文的學問。一直以來學者都認爲，在種種哈達瑜伽的專門典籍問世以前，哈達瑜伽早就已經存在，它在遠古時代是靠師徒的口耳相傳而流傳，並未留下任何文字紀錄。即使如《哈達瑜伽燈論》，縱然是一種文本，但也只能算是簡介、指路而已。《哈達瑜伽燈論》裡面沒有寫下來的部分，仍然得靠師父以口耳

❶第四十和第四十一經所講的主題是「潔淨法」（shaucha）。

❷第四十六到第五十五經的主題分別是：「調身」（46-48）、「調息」（49-53）、「感官內攝」（54-55）。

❸第一段經句的主題是「專注」。

相傳的方式傳授。重要的不僅僅是師父教了什麼，還包括師父如何傳授，他的教學手法如何。

還有一些比較少人知曉的哈達瑜伽典籍，大多數的作者是跟斯瓦特瑪拉瑪大師在時間上相去不遠的人物，其中最主要的是《克然達論集》（*Gheranda-samhita*），以及《希瓦論集》（*Shiva-samhita*）。

另有一個關於瑜伽的文本《那特無懼難陀所傳之瑜伽心要》（*Yoga-Karnika of Nath Aghorananda*），此文本由夏馬（N. N. Sharma）編輯整理，並寫了一篇英文的引言。這是一本類似小百科的典籍，比如以體位法來說，就將各個不同宗派的說法摘要彙集於一處。

諸如此類，有的是隱藏在其他的文獻中，例如在龐大的《往世書》（*Puranas*）中有提到瑜伽教學，更龐大的史詩《摩訶波羅多》（*Mahabharata*）裡也有些指路。

順便一提，我們通常所稱主要的奧義書有十一、十二種，而在比較不爲人知的其他奧義書當中，有一組被歸類爲「瑜伽奧義書」（Yoga Upanishads），包括二十種不同的奧義書，例如《天鵝奧義書》（*Hamsa Upanishad*）就是其一。如果想研讀的話，建議要採用 Sri Upanishad-Brahma-Yogin 的釋論爲佳，它應該已有英文譯本，諸如咒語瑜伽、王道瑜伽、賴耶瑜伽（Laya Yoga）、昆達里尼瑜伽、那特瑜伽（Nath Yoga）等等都匯聚於此。如果你能讀得進去的話，就會進入一個全新的瑜伽世界。

學習瑜伽時一定要小心，在不同的派別中，同一個術語可能有不同的意義。例如，讀過《瑜伽經》的人都知道「夜摩」（Yama，要戒除的行爲）和「尼夜摩」（要遵行的行爲）各有五條，一共十條。可是在《哈達瑜伽燈論》中，「夜摩」和「尼夜摩」就各有十條❹，而在被稱爲「瑜伽奧義書」的典籍中也同樣列了二十條。所以，即使在瑜伽體系中，術語的含意都會因文本、派別不同而有所出入。《瑜伽經》固然是最權威的典籍，但是這並不意味我們要批判或揚棄其他文本。

❹《哈達瑜伽燈論》的十條「夜摩」是：勿傷（非暴力）、勿妄語、勿偷盜、勿淫、寬容、堅定、悲憫、正直、正飲食、潔淨。十條「尼夜摩」是：謙遜、苦行、知足、信神、布施、拜神、聽聞經論、如理思維、持咒、發正願。

傳承與派別

我們知道瑜伽有許多不同的派別，有的歸類法只數出主要的四種：咒語瑜伽、賴耶瑜伽、哈達瑜伽、王道瑜伽。有的則可以數出十幾種派別，例如：王道瑜伽、行瑜伽、智瑜伽（Jnana Yoga）、業瑜伽（Karma Yoga）、哈達瑜伽、禪定瑜伽（dhyana yoga）、奉愛瑜伽（Bhakti Yoga）、咒語瑜伽、賴耶瑜伽、昆達里尼瑜伽、不二瑜伽（Advaita Yoga）、神通瑜伽（Siddhi Yoga）等等。還有一種比較少人知道的分類法，是根據原始傳法的神祇而分爲梵天瑜伽（Brahma Yoga）、毗濕奴瑜伽（Vishnu Yoga）、希瓦瑜伽（Shiva Yoga）、象頭神瑜伽（Ganesha Yoga）等。每一位神祇都代表了某個特別的脈輪，修行人要依自己應該打開哪一個脈輪而去修持某個特定的法門。我們常說神在我們內中，所以這些法門不是要人去頂禮膜拜外在的神。

依我的看法，哈達瑜伽傳承最早是由達塔垂亞（Dattatreya）所建立。他也建立了印度行腳僧人的傳承，其後在八世紀時，經由商羯羅（Sankara）阿闍梨予以整編奠定，才成爲流傳至今的寺院制度，但是剃度出家的傳承最早是達塔垂亞所創。傳說達塔垂亞是天神下凡，他藉由凡人母親的肚子下生，以人形來教化世間，他是唯一由梵天、毗濕奴（或譯為「韋紐天」）、希瓦（或譯為「濕婆」）三位神靈同時現於一身的人物。

達塔垂亞究竟是什麼時期的人，到目前還沒有定論，因爲東、西方學者對於如何計算歷史有不同的意見。在東方，我們認爲歷史至少要推到百萬年以前，西方學界則認爲整個人類的文明並沒有那麼久遠。今天，大多數的東方學者接受了西方學者的推斷方式，但是包括我在內的很多人，內心的良知是無法同意的。我自己在美國大學教書時，我會表示：「是的，帕坦伽利大約是西元前四世紀至西元一世紀之間的人物。」但我心中所眞正相信的時間是幾百萬年前，而不是二千年前，礙於目前尚未有所謂的科學證據，所以只好表面接受西方的推斷。我必須承認自己在這個問題上是心口不一的。

哈達瑜伽從創立的達塔垂亞，傳到馬先德那特（Matsyendranath）和勾若克那特（Gorakhnath）兩人，這兩位的名字列在《哈達瑜伽燈論》第一篇的第四段，文中說：「哈達瑜伽之學，由馬先德那特傳於勾若克那特，拜彼兩位之恩賜，斯瓦特瑪拉瑪（作者）得之。」而這兩位又是「那特」（nath）傳承的開山祖師。「nath」意指「神主」。這個傳承又說他們眞正的祖師是希瓦，你知道「希瓦」究竟是什麼嗎？「希瓦」是我們每個人內在那位處於禪定狀態中的神明，並非是傳說中坐在今日西藏境內岡仁波齊峰山頂的神，否則你如果拿不到入境簽證，豈不就注定和希瓦無緣？告訴你，所有的靈山、朝聖目的地、恆河等等都是隱喻，它們其實都在你裡面。

「那特」是個既玄妙又神祕的傳承，最晚在十二世紀時就已經存在，他們所著稱的本事之一是武術。外界很少人知道印度也有悠久的武術傳統，「那特」是其中一個派別，另外兩個派別分別位於南部的喀拉拉邦（Kerala）和東北部的曼尼普爾邦（Manipur）。日本的古籍有記載，他們的武術來自梵文的經典。日本和中國的武術，例如由禪宗祖師菩提達摩傳來的少林武功，其實都和印度的武術有深厚的淵源，這點在西方幾乎無人知曉。瑜伽體位法因為有艾揚格（Iyengar）將它介紹到國際上而發揚光大，我希望有一天印度的武術界也能出一位艾揚格，把印度武術推廣到世界各地。「那特」傳承的另一個特別之處，就是他們會最高深的昆達里尼瑜伽和賴耶瑜伽。

還有一個與哈達瑜伽有關的傳承——「羅薩衍那」（Rasayana，煉丹乘），他們算是印度的煉金術士，和「阿育吠陀」關係也非常密切。「羅薩」（rasa）意指「精華液」，是我們體內流動的液體，例如荷爾蒙。此字另有一意是指「汞」——水銀。東、西方的煉金術都是以水銀爲核心，不過，在我見過的記載中，西方世界的煉金術士似乎從未將水銀用於人體。羅薩衍那傳承則是以「羅薩」改造肉身爲目的，一是靠服用水銀，另一種是以內家和外家的修練功夫來改造體內的精華液體。他們所用到的動作和淨身的方法，有些和哈達瑜伽很難區分，有些則是屬於「阿育吠陀」。例如排汗這件事，芬蘭人和美洲印第安人都知道它的功用，「阿育吠陀」也認爲這是很重要的保健治療法，可是在哈達瑜伽就很少提及。傳說中修練羅薩衍那成功的人，每一百年可以脫胎換骨一次，重新恢復青春，重新長出牙齒、頭髮。據說他們的祖師龍樹（Nagarjuna）❺不但能煉外丹，也能煉內丹。

那特和羅薩衍那這一類的傳承保留了最高深的哈達瑜伽修練方法，但是外人不容

❺斯瓦米韋達並未對龍樹的身分多做說明。據查這位龍樹是個佛教徒，但應該不是指那個創立中觀派的龍樹菩薩。

易學到，因爲他們的派系非常嚴密，一定要獲得接納成爲苦行的行腳僧後，才有可能學到最深的功夫。勾若克那特留下少量的文字，是以舊式的印地文書寫，如今雖然已經被翻寫成現代的印地文，可是那只是表面文字而已，它裡面隱藏的祕密，一定還是需要由有眞功夫的老師親自傳授才行。你要學，就得找到這樣的一位那特瑜伽師，事奉他並和他共住，才能學到此派的修練方法。

還有一門稱爲「日學瑜伽」（Surya Vidya Yoga）的學問，這更是一門博大精深的體系。近代有位著名的梵文學者喬屛那．毘若奇（Gopinath Viraj），我年幼時就讀過他寫的文章。記得有一段描述他在聖城瓦拉納西目睹自己的上師從空中變出一朵蓮花，先是只見到些閃爍的光影，依稀有著蓮花的外形，接著形象變得越來越清晰，終於成爲固體的蓮花。他的上師就是一位日學瑜伽的大師。當然，你可以說這根本不科學。

我自己的上師斯瓦米拉瑪也是位日學大師，那時在美國我剛遇見他不久，有次聚會他很開心，說有禮物要送給在場的人，請大家把手帕交給他，然後說出自己最喜歡的香味。只見他用雙手握住手帕片刻，然後手帕上就留有那個人所喜歡的香味。當時我尚未出家，帶著太太一起出席，而她沒帶手帕，上師就握住她紗麗袍的一角，她的衣服便帶著她想要的茉莉花香了。回家後，太太把紗麗掛在衣櫃中，那股香味維持了六個月之久。後來有次他見到我的小女兒，她向他撒嬌要求有自己的香味，上師就握住一段她的長髮片刻，結果她的頭髮就帶著香味。根據日學瑜伽所說，一切都是光形成的，只要懂得如何去操弄光，就可以把任何東西改變成別的東西，這是日學瑜伽的祕密所在。

此外，還有一門很特殊的關於呼吸的學問——「斯瓦若瑜伽」（Swara Yoga），「swara」意指「呼吸的聲音」。這門學問也和哈達瑜伽之學有關，其著名的典籍是《希瓦斯瓦若達亞》（*Shiva-Swarodaya*）。我的上師斯瓦米拉瑪精通「斯瓦若」之道，他可以很準確地告訴面前的人未來半年之內身體的健康狀況，乃至於會遭遇的大事。他說，這一切都體現在人的呼吸之中。

雖然我們的主題是「哈達瑜伽」，可是我發現很難把哈達瑜伽從整個瑜伽體系中劃分出來，那條分界線是不存在的。在瑜伽中，王道瑜伽有如傘蓋，其他種種瑜伽則是屬於它的分支。所有瑜伽都是王道瑜伽的分支，究竟一共有多少分支是無法數得清的，因為分支裡還可再細分。就舉交替鼻孔呼吸法為例，我的上師教過我九十六種不同的方法，其實還不止於此。但是你不必練完每一種，它是有捷徑的。正確的心態、正確的理解才是必要。你只能說，哈達瑜伽是瑜伽的某種取向，而咒語瑜伽是另一種取向，賴耶瑜伽、昆達里尼瑜伽、那特瑜伽等等都代表某種取向。可是每一種瑜伽都是整個瑜伽體系裡不可分割的一部分，請務必記住這點。所以，並無孤立的哈達瑜伽、業瑜伽、奉愛瑜伽、智瑜伽可言，它們共同構成了一個大的體系，依你的取向、環境、境地等因素而呈現出種種不同的面貌。因此，對你而言是哈達瑜伽的，對另一個人可能是昆達里尼瑜伽，對第三個人就成了智瑜伽，對第四個人則是奉愛瑜伽。

哈達瑜伽是由遠古的大師所流傳下來的，今天已經找不到這種有如天人的人物。《哈達瑜伽燈論》中說他們「超越了時間（死亡），縱橫於宇宙之中」。這種生靈所教給我們的智慧，怎麼可以把它局限於一個小小的框架之中呢？所以，我們學習瑜伽一定要懂得融會貫通，才不會受到各種似乎不同的名稱和定義所禁錮。

3 修練哈達瑜伽的目的

加速燃燒業力

修練哈達瑜伽可以加速燃燒業力。

瑜伽哲學主張身體的改變，是由於心的改變所引起的，且絕無例外。你在自己的心田中落下什麼種子，它日後就會長成什麼樣子。你要的是芒果或桑葚、玫瑰或夾竹桃，都依你的意願而定。你在自己心田埋下的，即是你念頭的原料。每個念頭一旦置入心中，就會成爲未來另外一個念頭的原料。例如，你剛讀到的那一句話，現在已經置入你的心中，這個心中的印象將會成爲未來念頭的原料。某個其他的念頭或直接或間接、有意識或無意識地會因它而起，完全依你如何去澆灌、思議、強化這個念頭種子而定。

你的任何一言一行，都會成爲一個念頭埋在你的心田中。換言之，就是有一個新的「業」被種在你的心田。你每次擺出懶散的姿態，就是把一個懶散的念頭種入心田。那個懶散的念頭會變爲另一個念頭的種子、原料，而形成一種習慣。你躺在舒服的床中，不想早起去練習瑜伽體位，時間久了你自然就不會去練習瑜伽。

談到「習慣」，經常有人問我該如何防止飲食過量。我會請他們找出自己情緒上的挫折。當心靈得不到滿足而感到空虛時，人就會去把胃塡飽，誤以爲自己的心會因此而得到充實。因爲將胃塡滿時，所滿足的只是分布在胃區域的心識，他會以爲是心思的心識得到滿足。所以就容易在不該進食時進食，吃進不該吃的食物。前一頓飯尚未消化，他又吞了更多的食物進去。這種不正確的抉擇，即是致病的原因。

所以，你原本一個懶散的行爲，成爲心中一個懶散的念頭種子，種子再生出懶散的抉擇，又變成懶散的行爲，久而久之養成了懶散的心態，就不會好好地去使喚身體，乃至於不會好好地去進食或睡眠。然後，所招來的痛苦就是這業力成熟的果報，卻反而埋怨爲何自己會吃到苦頭。這都是由於具有辨別作用力的心智功能「布提」（buddhi，或譯爲「覺」），被模糊不清的心念所蒙蔽，做出錯誤的抉擇，錯誤地使喚身體所產生的結果。粗疏的決定，所帶來的業報自然是苦報。如果不斷地讓毒素在體內累積，身體因爲沒有別的表達方式，只能以感冒、腹瀉、皮膚痤瘡、結石、癌症等等現象來反應。

世上所有的智者都提到過一個道理，這個道理也是導致快樂人生的許多祕訣之一，而修練哈達瑜伽正是在應用這個道理。這道理就是，你討厭什麼，就去做你所討厭的；如果不想被強迫接受自己所討厭的事物，就要主動心甘情願地迎向它。有什麼是你所害怕而想逃離的，就轉身面對它，然後自問：「它究竟是什麼地方讓我害怕？讓我仔細地端詳，讓我檢視這份恐懼，看看這個可怕到讓我想要逃離的東西究竟是什麼。」

例如，荒野中的狗天生會找個落葉堆積的舒適地方度過一晚；你和我也會選擇柔軟舒適的床褥和棉被，我們對於讓人感到不舒服的東西都會有排斥感。前面說過哈達瑜伽是一種苦行，而苦行就是要我們主動去做自己所討厭的事。你要自問：「我是在逃避什麼樣的不舒服？」你一生都要不斷地問自己這個問題。不論你想改善的是哪一個領域，例如健康、心態、說話技巧、行爲、心靈等任何領域，要找出你在逃避什麼，然後轉身面對它，正眼看著它、檢驗它。只要你肯轉身面對它，你所害怕的那個反而會逃離你；如果你要逃離它，它便會追著你。你要轉身對它說：「好，算你抓到我了。你以前一直追著我，我一直在逃。現在你最好給我站住，讓我好好地看看你，瞧瞧你是什麼來歷，爲何我要怕你。」它反而會想要逃走了。

哈達瑜伽就是運用同樣的原理。我們都好逸惡勞，但是如果我們一味講究舒適，就會很容易養成懶散、輕忽、因循怠惰這些壞習慣，這些都是應該要革除的。我們要轉身面對，以主動的行爲業力，清除那些不好的心性行爲在身體中所留置下來的脂肪，以及其他許多不必要的東西。我們可以每天花十五分鐘來做些「不舒服」的活動，也可以將來在醫院裡待十五天，由你自己選擇要哪一樣。如果我們不肯主動做出業行，那業報就會強加於我們身上，十五年以後就要在醫院待上十五個月，這個抉擇完全在於我們。如果我們不肯節制飲食，十五年後就會由醫師來告訴你非節制不可，被逼著連本帶息來清償。

因此，修練哈達瑜伽的其中一個原因可以說是消業。我們可以選擇主動讓身體去承受少許的不適，這會導致我們過去埋藏在心田中的業力種子加速成熟，因而能快速地清理業債。我們身上累積的脂肪象徵著我們心中所累積的脂肪，它表示我們的心意是模糊的，在過去的許多時刻裡做出許多錯誤的決定。

潔淨身心

在《瑜伽經》裡，潔淨自己的行爲稱爲「淨化」（shaucha），是五項要遵從的「尼夜摩」德行中的第一項。「淨化」包括身的清潔和心的清淨。如果心嚮往清淨，它自然會對於身體的不潔變得非常敏感。

心能清淨就不會模糊不清，對周遭的一切就會非常敏感。瑜伽大師在靜坐時，會覺知到自己淋巴組織中的毒素，能感覺到直腸中的廢物並未排除乾淨，這是一般人無法察覺的。以我而言，我非常仔細地觀察過食物對靜坐的影響。食物一進入胃中，我對於氣的覺知立刻開始變得模糊，心也跟著模糊起來。我一定要非常費力地去做某種特殊的細微觀想，才能消除食物對心所引起的影響，讓心回復清明，然後才能眞正地開始靜坐。所以，我必須依據自己靜坐的時間，很小心地控制我進食的時間和份量。

心能夠淨化，身也跟著會淨化。因爲清淨的心無法忍受不潔淨的身體，正如同心境清澄的人會無法忍受住在雜亂的環境中。清淨的心一定會培養規律的生活習慣。例如，注重健康的人要他早上在排便之前進食，會是無法接受的。肚子裡前一天吃進的食物已經腐壞，正需要將它排除乾淨，你怎麼能夠又開始把食物往肚子裡塡？心靈能淨化的人，自然會去淨化身體。身體的淨化又是昆達里尼瑜伽的必備條件，所以，修練哈達瑜伽也是在爲昆達里尼瑜伽做準備。

爲禪定做準備

哈達瑜伽和靜坐兩者究竟如何銜接，又如何由哈達瑜伽通往靜坐？當然，在此你應能領會，哈達瑜伽本身就是在動中的禪定。可是我想特別指出，哈達瑜伽和靜坐有四個銜接之處，也可說是四個轉化之處。

整個哈達瑜伽的操練就是一種禮拜的行爲，有如一種儀軌，是在重演從創世到末世的循環，也是在重演從出生到死亡的循環。你做完一套哈達的體位法，最後一定要躺下來做大休息式，有如一具屍體。如果你每天能如此練習，等於每天都死亡一次，你就可以不朽。人若想要不朽，就每天爲自己注射一點點死亡的疫苗，這正是免疫的原理。你躺下來保持在大休息式中，有如一具屍體，全然放鬆，就能帶你進入靜坐的境地。這是由哈達瑜伽過渡到禪定的第一個銜接。

第二個銜接之處是「調息」，由身體的操練帶來深沉的呼吸，深沉的呼吸讓我們能夠控制「氣」（prana），從而能引導你進入禪定的境地。

第三條通往靜坐之道是由練體位法而入禪定。當你擺出某個體位姿勢不動，時間一久，心會不由自主地開始掙扎，掙扎著要移動身體，這時有個你會說：「喂，不要動！我就停在這個姿勢中。」然後，心會靜止下來不再掙扎，這也是通往靜坐之道。有些佛教傳承所採用的方法就是「只管打坐」，剛上座時就告訴自己：「我將保持不動。」藏傳佛教還有一種長坐的修練，一坐下去不是一個、二個小時，而是八個小時，乃至三年、三個月、三天、三小時之久，而他們閉關打坐地方的空間狹小，連身體都無法完全伸直。跟他們比起來，我們所練習的瑜伽，都是懶人瑜伽。這就是第三條路，由完善體位姿勢做到身體的靜止。這是個比較困難的方法，但最終能導致心的靜止。

第四個銜接之道是由修練哈達瑜伽的六種潔淨行法❶而來，其中第六種是「凝視法」（trataka），方法有很多種。基本上你可以先由眼球運動操開始，然後凝視某個東西，由凝視而心識集中，心識如果能長時間集中，就能進入禪定。

❶六種潔淨行法（Six Kriyas）是：⑴洗淨鼻腔；⑵洗淨食道和胃；⑶胃部蠕動操；⑷洗淨腸道；⑸腹壓出氣呼吸法；⑹凝視法。

第二部

哈達瑜伽的修練

修練哈達瑜伽的目的，
是在將覺知力逐漸地從粗糙淺薄的部分
移轉到精微深邃的部分，
逐漸一一體認這個粗身內外的種種層次，
而證悟到這些層次都不是真正的自己。

哈達瑜伽就是在搭一座橋，
由身體通向心內最幽祕的深處。

4

修練精要——覺知身，進而觀察心

大多數的人會去練習時下流行的哈達瑜伽，以及種種從哈達瑜伽衍生而來的體位法，是因爲它對身體有益，而不是因爲它所蘊含的哲理智慧。我多年來總是提醒修練哈達瑜伽的人一定要了解：自己究竟在練什麼？爲何要練？不要只著重於該如何去修練或是對身體有何好處，而是要去了解它在整個瑜伽體系中的關係位置。至於整個瑜伽體系，如果是專修，至少也得花個三年至四年的功夫，才能打好基礎。❶

如果你視哈達瑜伽爲一種求心靈解脫的準備功夫，你才算是眞的認識它。如果你能領略哈達瑜伽種種不同的風貌，就能看見它們是如何與高深的哲理結合，如何能引領練習者進入更高的覺性。這覺性不只是能直接覺知到這個永遠在動中的宇宙世界的範圍有多廣闊，更能直接覺知到神性。印度古哲有句名言：「身體正是修德的首要工具。」（Shariram-adyam khalu dharma-sadhanan）意思就是說，想要做大事的欲望很強烈，可是身體很軟弱，該怎麼辦？我們都知道應該修德、端正自己的行爲，這些都得靠身體來做，所以就該保重身體。除此之外，身體有何「美」可言？如果你刮除身體表面的皮膚，你會找到任何的「美」覆蓋在下面嗎？

瑜伽大師幾千年以來領略哈達瑜伽的哲學理論和實踐法門，他們所精通的就是佛教徒所謂的十種「波羅蜜多」（paramita，或稱「波羅蜜」，意指十種究竟圓滿成就）的其中一種——「善巧方便」，也就是善於引渡眾生。他們的方法就是我的父親在我童年時常常對我說的：「如果你跌倒在泥濘中，就別想能在泰姬陵的大理石地磚上爬起來。」你跌在泥濘中，就只能將手撐在泥中站起來。在哪裡跌倒，就在哪裡爬起來。

人類的心所到達的層次可分很多等級，不論他們此生到達哪一個地步，不論他們認識自己的「眞我」到何種程度，他們都必須要從自己所在的那個點開始。對他

❶如斯瓦米拉瑪修行學院（Swami Rama Sadhaka Grama）就有提供此種必須住讀的課程。

們而言，自己目前所在的那個層次才是最眞實、最重要的。諸如「波羅蜜多」、「開悟」、「解脫」之類的觀念，就會顯得很神祕而遙不可及，不過是一些所謂的大師掛在嘴邊的用語罷了，對他們根本不具有任何意義。因此，瑜伽老師所該做的，就要從此人所能認同的地方下手。譬如說如果某人對機器感興趣，就可以從生物信息回饋的瑜伽著手；另一個人沉迷於藥物❷，就可能要從培養他的意志力開始；如果是希望保持青春外觀的人，他可以從哈達瑜伽的體位法和飲食法著手，諸如此類。

從五身層著手修練

就一般人而言，我們的下手處不外乎五個「身層」（kosha），也就是層層套住個人心靈「眞我」的五重身。最外面的第一層稱爲「食物身層」（annamaya kosha，或稱爲「肉身層」），是由我們所吃進去的食物所形成的。第二層是由食物中更精微的部分所構成，完全是一種能量，稱爲「氣身層」（pranamaya kosha，或稱爲「能量身」）。第三層是「意身層」（manomaya kosha），是比「氣」更來得精微的心念所構成。第四層是「識身層」（vijnanamaya kosha），是由有限的「識」所形成。最裡面的第五層是「樂身層」（anandamaya kosha），是由有限的「喜樂」所形成。

這五個身層從粗糙到精微，依序是肉體、內部器官、呼吸、氣（生命能量）、存在於身體中的感覺和思議作用的心，以及對身體和具體事件的記憶心，最後是高層的心。修練哈達瑜伽的步驟，即是從外在的層次逐漸進到內在的層次。首先，要訓練自己逐漸增加對各個不同身層的覺知，然後慢慢將心的執受作用從粗糙的層次提高到細微的層次。如此一來，你才能在整體生命中，不讓粗糙的部分去控制細微的部分，要進化到能讓細微的部分去控制粗糙的部分。

覺知身體狀態，見證自己

我們知道普通人比較關心的是最外面的肉體身，亦即由食物所形成的食物身層。

❷指當年歐美流行使用迷幻藥物來尋求心靈解脫。

你在提到自己時，心中所想的就是這個身體，所以，下意識地會把手放在自己的胸口。你說：「我餓了！」你並不是在說自己的心思餓了，而是在說身體餓了。這就是在把身體當作自我。

如何控制身體，跟瑜伽的理論又有什麼關係呢？修練哈達瑜伽的目的，是在將覺知力逐漸地從粗糙淺薄的部分移轉到精微深邃的部分。很多人執著於身體的外貌，他們會在臉上塗抹各種美顏保養品，卻不會意識到自己是如何去使用身體，對自己身體的姿勢一無所覺，他們不會自覺「我此刻是躺著，我此刻是坐著，我此刻是站著，我此刻在走動，我此刻把腳提起來，此刻放下去。我在走動時，把腳從一點移到另一點，我能感覺到對脊椎的底部會有如此的影響……」通常都是要經人提醒才會意識到：「啊！原來我身體現在是這樣的姿勢。」

根據哈達瑜伽的哲理，一切練習的第一步便在於訓練自己要用心，要觀察自己，養成習慣去見證自己的一舉一動，從頭到腳地覺知自己，覺知自己身體的狀態，不論是身體的外在姿勢，或內在的如肌肉的緊張程度、心跳頻率、血液流動、呼吸等等。除非你能養成這種時時保持自我覺知的習慣，否則你就不會是一位哈達瑜伽大師。

覺知內在器官，了解心的作用

此刻，你是否能覺知到自己全身內外所有的狀態？你的頭是怎麼擺放的？頭皮有什麼感覺？額頭肌肉的情況感覺如何？你此刻胃中是什麼情況？此刻用到的是小腿的哪一塊肌肉？你每根腳趾頭的感覺如何？背部每一節脊椎的周邊肌肉是緊繃的或放鬆的？如果別人不問，你就不會去察覺。能如此覺知，你才算是在眞正地觀照見證自己的身體，才算是精於深層的哈達瑜伽。

但，這還只是在身體的表層部分和肌肉、骨骼層面打轉而已。瑜伽大師能更深入用心，他能觀照見證的範疇就更加精微，乃至於能覺知到所謂「無意識」的生理作用。現代人如今都明白身體有所謂的「自主功能」，但是對瑜伽大師而言，這些「自主功能」是不存在的。例如心跳就不是眞正自主的，因爲他可以用意念來加快或減緩它的速度。眞正修練哈達瑜伽的人，漸漸地能覺知不僅是外表的肌肉、骨骼或姿勢體態，而是能擴及到所有內在的器官。他能察覺自己此刻肺臟的情況，以及器官是否出了毛病等等。

有時我們偶爾也會在無意間進入到某些啓示自己身體內部情況的夢境，卻不能明白夢境的意義。通常人在做夢時，心念並不會意識到身體，可是有時身體卻會凸顯於心識之中。這是因爲心識整體在夢中並非處於靜態，它會在整個人格的身心層面活動，但並非經由感官來接收外在的信息。假如夢境是有所本的話，心唯一能做的事，就是檢視附在身體某個部位內的心識。夢中常常發生的情況是，心的高層次部分在檢視遍及身體各個部位的低層次部分的心。例如有時夢到自己在渡河，或是在河中漂流而下，實際上，這是心在檢視某條動脈或微血管流動的情況。有時會夢到兩條河匯流，有時會夢到自己被瀑布或激流沖到某個地方，甚至能嘗到血液的鹹味。或者途中會遇到阻礙，例如傾倒的樹木，那很有可能是象徵血管中有堵塞物。

我們要知道有個很重要的道理：世上任何粗淺的事物和經驗，都是某種精微、無形事物外在的標誌。一切我們身體感官所能經驗到的對象，不論是六角形、三角形或是任何形狀，都是標誌著內在有個更精微的對應事物存在。我們的語言大都用來表示有形的事物，這是因爲我們的心不容易接受抽象的事物，所以語言多數用在傳達粗淺的概念、具體的事物，而抽象的事物便常常會以符號或圖案的形式在心中出現。我們夢中見到河流被傾倒的樹木堵塞，這個意象比動脈受堵塞來得具體，心才更容易辨認，所以它見到的不是動脈中的堵塞物，而是堵塞河流的漂流木或岩石。

修練哈達瑜伽的過程，不僅能讓人培養出對身體外表的覺知，而且功夫越進步，對身體內部器官的覺知能力會變得越敏銳，修行人會能覺知胃、肝、腎的情況。瑜伽大師之所以要開發出種種的內臟清洗法，原因之一是當他們在靜坐時，能覺察到腸道中殘留著的微小粒子，這些粒子都會刺激到修行人，干擾到他的禪定，所以他就會盡量想要把它們清除乾淨。例如對於修練王道瑜伽的人而言，他們一切的功夫都是以靜坐爲依歸，所以就會利用哈達瑜伽來淨化身體和心念，是在爲靜坐而準備。例如發汗、清潔淋巴腺或其他腺體都是一種淨化，盡力呼出二氧化碳也是一種淨化，還有清洗鼻腔、內臟清洗、灌腸法等種種的潔淨法，都是爲了準備靜坐而做的淨化功夫。

撰寫哈達瑜伽哲理的大師深深覺得，他們越是想淨化身體，就越認識到根本無法讓身體變得潔淨完美。他們說：「我們重複又重複地觀察這個身體，用盡了一切淨化的方法，可就無法見到它的美。在種種淨化的過程中，我們反而越覺得它裡面滿是污穢醜陋。」佛教中有一種觀想法門——「厭食想」（巴 ahare prtikula-sanna；梵 ahare pratikula-sanjna），就是藉由觀想食物消化的過程而養成對食物的厭惡感。❸

我本人生長於印度以美食聞名的旁遮普（Punjab）地區，那裡的人民好以食物待客，我自己曾經也以享受美食爲樂。但是從有一年開始，我清楚察覺到進食是如何成爲心的累贅，從此每次進食就只吃很少的份量。我只要一吃東西，就會立即注意到身心發生什麼變化，例如呼吸會變得濁重，原本細微的心念之流變得粗邁，這是因爲食物會讓心念變得粗糙而昏昧（tamasic）之故。所以我就必須立即重新做個淨化過程，把在身體中流動的心念能量調校回細微的狀態，這往往需要高度集中心念二、三個小時之後，才能眞正地進入禪定的狀態。但我並非說你不該進食，請別誤會，而是說瑜伽功夫眞正進步的人，覺知力會變得很自然，對食物的敏感性即是其中之一。

我們整體生命結構中最物質化、最底層的部分即是身體的外表，也就是我們凡人所認爲「美」的部分。可是大家往往只注意維護這表層身體的美，卻忽略了身體的姿勢，不明白身體姿勢的狀態會影響到我們較爲細微的內在生理系統。例如，有人弓身而坐，他立刻就抑制了內部的器官，也會抑制到較細微的生理作用，例如呼吸的功能，以及如昆達里尼能量的心靈作用。

又例如有人如廁排便的姿勢不良，他就會抑制排泄器官正常的功能。印度人民有許多不良的衛生習慣，但是有些習慣卻比西方人士來得衛生。在西方，男士習慣站著排尿。在印度，這會被視爲是一種西方的懶惰象徵。印度人是以同樣的蹲姿來排尿和排便，西方的坐式馬桶在印度並不普遍，只有近年來才開始在城市中普及。印度人覺得以站姿排尿的效果不佳，因爲無法完全清空腎臟，無法適當擠壓身體而將尿液排乾淨。西方人以坐姿排便也有同樣的問題，這是非常不自然的姿

❸此種厭食想並非厭食症。

勢，容易引起像便秘和痔瘡等種種毛病。

由此可見，單是身體外在的姿勢就可影響到內部的器官。這個道理每個人都能接受，問題就在於是否能實際覺知，以及能否將這個道理應用於日常生活之中。別讓外在的去抑制內在的，也別讓粗糙的去抑制細微的，這都算是一種覺知。例如，你只要留心一下所有車上和飛機上的座椅設計，就會發現它們其實是讓旅行變成一種折磨。我的生活非常忙碌，所以只有靠乘車和坐飛機的時間來靜坐。到目前爲止，我尚未坐過任何能讓我坐得舒服、背部挺直又能好好靜坐的車輛或飛機。這些椅子的設計者所能覺知的、所追求的，僅僅是外表骨架和肌肉的舒適，只有未曾受過正確身體訓練的人，才會認爲坐在這種椅子上是舒服的。

如果你能覺知自己內在器官的狀態，就能決定外在身體的姿勢是否正確。每當內部器官一遇到某種狀況而起變化時，你會立即感覺到，就無法很舒服地坐在車子的座椅中，坐進沙發椅也會感到不舒服，也無法在那種沙發床上睡覺。一旦你能認識到自己不只是這個表層的身體，不能只是求骨架的舒服而已，此時，你對現代文明能帶來好處的觀念就會跟著改變。

覺知心在肌體的作用，控制自主功能系統

再進一步，我們對自己的認識又會改變，會開始覺知到「氣」的層面；接下來一定會發展到覺知心在肌體中所起的作用。記得前面所舉的關於夢境的例子嗎？

這種深層的覺知，有些可以利用做大休息式時去體會，這個姿勢有助於覺知到在身體中心的部分。放鬆在前額的心識部分，你前額的肌肉就會放鬆；放鬆在面頰的心識部分，你的面頰就會放鬆；放鬆在你肩膀的心識部分，你的肩膀就會放鬆。如此做下去，就能從粗糙的身層移到細微的身層部分。

瑜伽和運動的不同之處，就在於前者的動作是緩慢的，還要持續地自我觀察。如果沒有持續地自我觀察，就不能算是哈達瑜伽。這種觀察不僅在慢動作時是絕對必要的，即使在快動作時也不可或缺。例如，如果你的心念足夠集中，就可以在快速來回移動手時，眼睛仍然保持看住手指尖。

修練哈達瑜伽，肌肉、骨骼、神經、呼吸、心都要能協調一致地同時運作，在做任何一種操練時，如果不能存想這五種，就無法正確地操練。

運用觀想，練習關節腺體操

如果你對自我的認知只及於身體的外形，那就應該從身體外形的形狀入手。身體中心的部分，本來就會以念頭的方式來體驗身體的形狀。如果把手臂擺成某個特別的姿勢，我們就是在做兩件事。其一是我們給了手臂一個幾何圖形要它依這個形狀成形，其二是我們讓自己的心去體驗那個幾何圖形的形狀。我們是在讓自己的心中留下那個幾何圖形的印象，這便是在造一個「曼陀羅」（mandala）或「揚特拉」（yantra）。整個曼陀羅之學，就是在讓心去體驗一個幾何的圖形。

所以，練習哈達瑜伽要把它當作一種心念的過程來做，身體會更容易受你控制。練習時，不論你是瑜伽老師或學生，先在心中以心念來完成它。例如，現在你隨意動動身體：

- 隨意亂動你的手。
- 現在，用眼睛去看著這個動作。
- 現在，閉上眼睛，試著在心中去看這個動作。

● 這個動作有無章法可言？

● 現在，試著做任何動作，每一個動作都要和呼氣同步，動作的長度要維持到和呼一口氣一樣長。觀察你的心在動，觀察心如何在看著動作與呼吸同步進行。

也許你會認為，我們是先想到身體，然後才把那個念頭轉化到心的層面。可是人類的意識在運作上，是先產生意識，然後才有身體動作。如果沒有意識，你將會是一具死屍而已。一般在教授哈達瑜伽的課堂中，是經由訓練身體來訓練心，是藉由身體來認識心。當我們把身體擺成某個姿勢，實際上就是在讓心去體驗那個姿勢。

也許你會問：「剛才那種純粹在心中靠觀想去做的練習，跟實際去做是否有同樣的益處？」答案是，長久來說，兩者固然會有同樣的益處，可是實際操練馬上就可以獲得某些身心的益處。話雖如此，假如你每天能花十分鐘去觀想自己的脊柱是挺直的，久而久之，雖然沒有具體在做脊柱挺直的動作，你也自然會形成挺直背脊的習慣。假如學生無法掌握某個體位姿勢，可以讓他先在心中重複去觀想自己做這個體位，久了自然就會有所幫助。

讓這個過程變成一種思想的鍛鍊，而非行爲動作的鍛鍊。心是如何去思想這個動作？例如你用手慢慢地在空中畫一個圓弧，去觀察自己的動作，要試著見到動作是由無數個相連接的點所形成的線，看著它逐漸由一個點移動到下一個連接的點，要觀察到那個圓弧中的每一個點，在做動作時要加入思想的部分。

如此，哈達瑜伽就是在搭一座橋，由身體通向心內最幽祕的深處，那個地方是處理幾何圖形、表相、記憶之處，控制整個自主功能系統的信號就是由這裡發出的。而這只是其中的一個步驟。要了解哈達瑜伽的哲理，就必須先認識心，要認識它的本質和習性，要知道該用何種心態來練習哈達瑜伽。如果你不認識心的作用，就根本無法了解身體如何作用。去閱讀心理學或解剖學的教科書並不等同於認識了身體，如果能的話，我們百分之七十的疾病就不會來自於身心失調。

每個層次的練習都會有心的、身體的、昆達里尼的成分，依你的心如何使用而定。例如，大多數人在練習體位時，乃至在練習「關節腺體操」❹時，都只是在動身體而已，即使有些老師也不例外。我們一再強調的原則是，身體怎麼動根本無關宏旨，心如何動才是重點所在，是心在指使身體的動作。真正在動的是心，然後身體才跟著動。在練習之際該如何用心體會，目的即在於徹底改變你練習哈達瑜伽的方式。

因此，每一種肢體的運動練習，首先都是在練習心的發動。這個道理適用於簡單的「關節腺體操」，也適用於所有的體位法。我們舉下面的例子來說明在實際操練時要如何培養覺知（最好由他人口述引領你練習，或將下列做法熟記後，才自己練習。請注意，這些動作是在心中做而已，不是實際去動到身體。此處展示的圖片只是方便讀者觀想）。

---

❹關節腺體操（Joints and Glands Exercise）是喜馬拉雅瑜伽傳承內流傳的一套特殊的運動操，旨在透過輕柔、緩慢的動作來活化全身的關節，以及規律腺體的內分泌，練習時要心、身、氣合一才符合瑜伽義理，不分年齡、體能皆可學習。

關節腺體操觀想練習①——頭部側轉

● 閉上眼睛。完全放鬆頭頂的肌肉；放鬆額頭的肌肉。

● 放鬆你的眉毛、眼睛；放鬆面頰；放鬆下顎（不要出力咬住牙齒）。

● 放鬆你的頸部、肩膀；持續放鬆肩膀，直到覺得手指尖都放鬆了。

● 放鬆你的心窩部位；放鬆肩膀；放鬆頸部；放鬆下顎；放鬆面頰；放鬆額頭。

● 保持額頭處於放鬆的狀態，同時觀想額頭肌肉和頭皮肌肉處於緊張的抬起狀態。保持額頭放鬆，只是在心中想著抬起頭皮和額頭的肌肉，你就會發現自己的額頭只要稍微出現緊張狀態就能馬上察覺。

● 放鬆整個臉部；緩慢、輕柔地呼吸。

● 繼續保持對呼吸的覺知，吸氣時，想像臉部慢慢向左側平轉。盡量將臉部向左轉，以你舒適的程度爲限，體會此刻所有頸部肌肉所產生的扯緊感覺。

- 緩慢地呼氣，同時將臉部轉回中間。做這些想像動作時，要全程保持頸部肌肉放鬆。
- 現在，吸氣，在心中觀想自己的臉部轉向右側。慢慢地隨著呼吸向右轉，感覺呼吸在鼻孔內流動，感覺所有肌肉的緊張狀態，但是實際上頸部都保持著放鬆狀態。以你舒適的程度爲限，盡量將臉部轉到右側，有如你想轉頭去看右肩後方，體會扯緊的那個感覺，直到會產生痛楚之前爲止。

● 然後，放鬆那些肌肉，緩慢地呼氣，感覺鼻孔內的呼吸流動，將頭轉回中間。輕柔地呼氣、吸氣。

● 睜開眼睛。

先在心裡面練習後，再實際去做，觀察心在做什麼，看它是如何在觀察每一條最細微的肌肉和組織。觀察是心在操縱肌肉而慢慢地動作。

保持對呼吸的覺知，觀察心如何覺知呼吸，讓高層次的心去觀察有一部分心是在覺知呼吸。要清楚地知道「我在覺知呼吸」、「我覺知到肌肉中產生了緊張」。

試著看看究竟有哪些細微的肌肉和組織是你通常不會覺知到的，而現在能覺知到它們，試著在心中把它們分別開來，讓這個過程變成是在學習自我解剖。就只繼續觀察心如何運用呼吸的覺知，如何將脈動和指令傳送到這些肌肉。

關節腺體操觀想練習②——手部舉起

● 閉上眼睛。放鬆你的額頭；放鬆臉部肌肉；放鬆肩膀。

● 現在發出活動手指的指令，感覺到指令一路走到手指尖，在手指將要舉起時立即停止，目前手指尚未從大腿上抬起。觀察！現在從肩膀一路放鬆到指尖。

● 繼續閉著眼睛。現在送指令去動手臂，感覺指令往下走，感覺從肩膀到手指尖開始緊張，讓你的手掌只微微地抬起，僅僅是減少它壓在

你腿上的重量。將手放下，放鬆。從腦部一路放鬆到手指尖。

● 現在，觀察指令往下走，從腦部到肩膀，然後到手指尖，微微地抬起手掌。把手慢慢地抬起來，看著它在動；非常緩慢地伸直手掌，看著它伸直；感覺手中所有的肌肉。現在，手慢慢地放下，感覺所有的肌肉在鬆弛；手放回到原來的位置；放鬆所有的肌肉。

● 睜開眼睛。

實際上，我們連一個完整的「關節腺體操」的動作都沒有做，但是你可以體會，從觀察動作中自己學到了什麼。假如你能從頭到尾完整觀察一個動作的話，你會有何種感覺？很多人在做「關節腺體操」時，都無法養成自我觀察的習慣。如果是我在做的話，我會看著每個動作，看著其中的每個點，從這一點到下一點。我的手指現在感覺如何？手的每一條細微肌肉現在的感覺如何？手掌、手臂、手肘分別如何伸直？每個細微地方感覺如何？這麼做，我對自己的身體結構就會多一分了解。例如，如果我頭痛，便可知道它影響到我身體結構的哪一個部分。

關節腺體操觀想練習③——身體前彎

- 閉上眼睛；身體坐直。想像你在做前彎的動作（但實際上身體不動）。前彎時，背脊保持正直，有如從骨盆處開始前傾，直到你上半身已經非常向前傾斜。
- 現在上半身開始慢慢地往下，心中觀想你是從髖骨處前彎，直到你的鼻子接觸到膝蓋下方的小腿脛骨爲止。
- 停留在這個姿勢中，做幾次呼吸，然後上半身慢慢抬起，慢慢將身體打直，緩慢地呼吸，直到

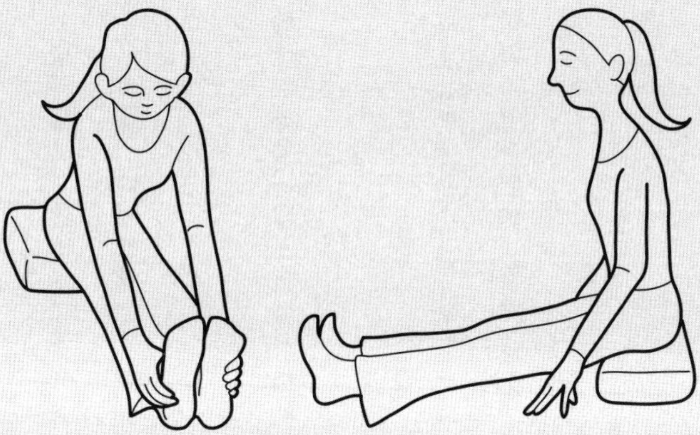

你的背脊完全挺直爲止。

- 重複動作。呼氣，在心中將身子前彎，然後慢慢地、逐漸地讓鼻子接觸到小腿的脛骨。觀察此刻你胃部的情況，觀察你在這個姿勢中脊椎的情況。
- 在心中，將雙手在背後交叉，觀察自己的這個姿勢，以及每條肌肉的情況。
- 現在，觀想自己慢慢抬起上半身（但實際上你的身體保持不動），緩緩地吸氣。抬起上半身時，感覺大腿的情況、胃部肌肉、身體兩側、肺部，以及此刻呼吸的情況。
- 睜開眼睛。

在做所有的肢體動作時，要注意是心先動之後，肢體才開始動起來。每個動作都是先有一個心念，然後身體才開始要動起來，這時連肩膀第一剎那的緊張狀態都尚未發生。當你的心送出指令去移動手臂，當指令信號離開大腦之後，第一剎那是到哪一條肌肉？不要實際去動到肌肉。觀察心是怎麼動的，你是先在心中去動肌肉，而後肌肉才開始動作。你天天都是如此動自己的身體，但是卻渾然不知，因為它發生的速度太快，所以，你並未細心想過是怎麼回事。

關節腺體操觀想練習④——身體站立前彎

● 放鬆你的肩膀，全身都放鬆。肩膀不起任何一點壓力，觀察自己的心送出一個指令去移動手臂。一旦感覺到肌肉第一剎那開始緊張，也就是在身體剛剛要開始動作時，就馬上停止。觀察指令往下走，然後停止指令，肩膀和頸部保持全然放鬆狀態。你的心送出了動作的指令，看著指令發出，但是你不動作，不生出任何緊張的壓力。❺

❺學生要先學會「放鬆練習」而且練到純熟，否則會無法完全做到全身毫無緊張壓力的狀態。

- 現在，執行動作的指令，但是到了剛有些微緊張壓力、正要開始動作時就停止。你可以實際去做，才更容易掌握這個過程。
- 再一次閉上眼睛；放鬆你的臉部。
- 放鬆你的額頭；放鬆心窩部位。
- 緩慢而輕柔地呼吸，想像你現在是站立的姿勢，雙腳略微分開。想像你雙手合十在胸前心窩處，雙手拇指的手指骨輕輕壓在心窩。

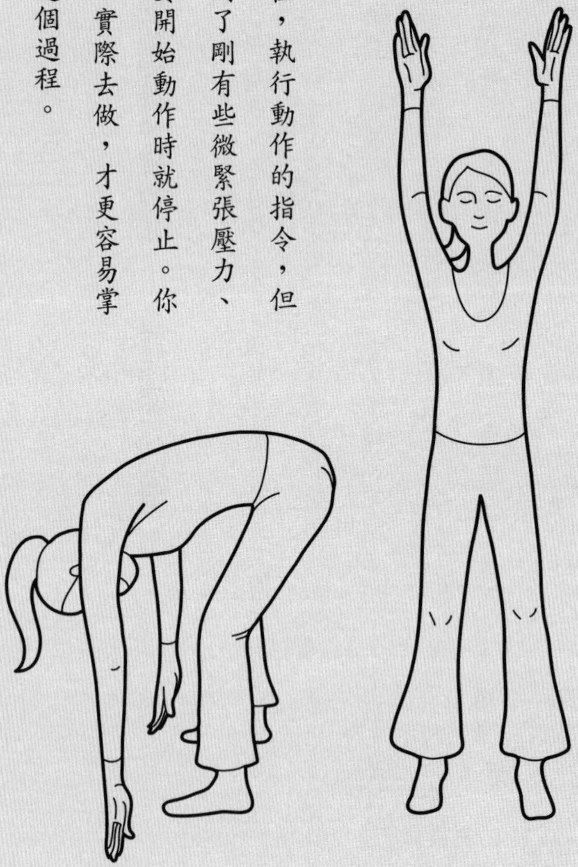

● 看著自己的呼吸；覺知自己在站立中背脊的形狀。舉起雙手，直到手臂在兩耳的外側。

● 向上伸展並仰望太陽；整個宇宙的美好能量正流入自己的體內，因爲你內在的能量和光與太陽光是相同的，此時你存想：「我就是太陽。」上身慢慢向前傾，要從髖關節處彎起，而非脊柱的中間。繼續一點一點地向前彎，看著自己的額頭漸漸靠近小腿脛骨，你的手也同時垂到地面置於雙腳外側。

● 保持這個姿勢，觀察此刻脊椎的情況和呼吸的狀態；觀察肩膀和膝蓋緊張出力的狀態。

● 慢慢起身，起身時同樣要挺直腰部。

● 睜開眼睛。

關節腺體操觀想練習⑤——身體平躺抬腳

● 閉上眼睛。心放輕鬆；放鬆額頭，然後觀想自己平躺著。不用真的去移動身體，只是在心中存想自己躺在地面上，觀想自己保持平躺的姿勢，雙腿合攏。

● 繼續觀想，雙手輕放在身體兩側，翻轉手掌，手心朝下放在地面。慢慢地將雙腿抬起，膝蓋打直不彎曲，由髖關節處彎曲，逐漸抬起雙腿到與地面成九十度角。保持這個姿勢不動，緩慢地呼吸。

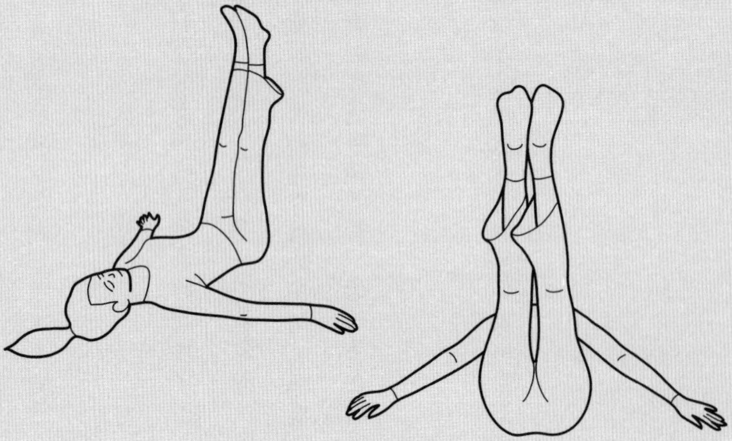

- 現在，繼續保持這個姿勢，膝蓋打直，觀察這對腹部肌肉有何影響，觀察對肚臍和胃部區域有何影響。
- 繼續觀察自己在這個姿勢中的呼吸狀態。繼續保持觀察這個姿勢對所有肌肉的影響。然後，在不彎曲膝蓋的情況下，慢慢地、輕輕地將雙腳放回地面上。
- 放鬆身體，仍然躺在地面上，感覺呼吸在身體中由頭至腳的流動。
- 睜開眼睛。

這只是簡單的抬舉雙腿，是進入肩立式之前的一個動作，但其實這是何種動作或姿勢都無所謂，你可以不斷地在心中反覆做，就能看出它對心的影響。你越能放鬆，就越能觀想成功。你可以不動到身體就做到完美的體位姿勢，「懶人瑜伽法」！以這個方法，學生可以不用觀看老師的動作就能學會哈達瑜伽，當然你的用字和描述必須非常精確，才能在心中做出來。

把這當成是一種心念的過程，練熟後你自然會確確實實地知道身體該如何做，也不用老師在旁教導。任何動作都要在保持覺知的狀態下進行，身體怎麼動根本無關緊要，都是心在動。

假如你能在日常也保持對動作的覺知，無論何時何地都如此，那麼，你走起路來就會有如在舞蹈一般，這就是為何印度古典舞蹈是源自於寺廟中的禮拜儀式。例如，在從事任何寺廟儀式之前，都會有個必要的步驟：先以聖水淨化自己，將水倒入掬起的右手掌中，再舉起右手掌到嘴邊啜飲手中的水。在這個過程中，要觀察自己的身體和水的去處。然後，將水倒入掬起的左手掌中，用右手指依次沾水去碰觸臉部的感官和肢體部位，要觀察各個感官、各個部位體驗到水的碰觸，觀察手如何從點到點移動。如此一來，那個儀式本身就成了舞蹈，一切行為、身體所有的動作都是舞蹈。要達到這個境界，不是仰賴進入舞蹈學校學習，而是以自心觀察自身，如此就能時時保持自我的覺知，達到心靈的解脫。

5 修練體位法的六個步驟

每個體位法的式子都可以分為六個連續的步驟。如果我們將這六個步驟正確地運用於某一個特定體位法的式子中，熟練之後，就能很容易地套用於其他體位法的式子。

一、找到中心原點

在這六個步驟中，有三個是完全靜態的，有三個是在動態中的。所有式子的起點我們都稱之為「中心原點」，它是靜止的，下面是幾類典型的中心原點：

- 各種靜坐的坐姿
- 站立的山式

● 身體坐直於地面，雙腿併攏伸直的杖式
● 跪坐的金剛式
● 俯臥的鱷魚式
● 仰躺的大休息式

我們在中心原點的式子中保持心境和肢體的平衡，準備開始進入下面要做的式子。這些原點的式子都是左右完全對稱的，能帶給我們和諧、穩固的感覺。在這個靜止而又清醒的狀態中，可以於心中觀想下面將要進行的動作。

二、進入式子

「進入式子」雖然是個動態的步驟，仍然要和在靜止中的步驟一樣，保持覺知和專注。練習體位法時，心在每個步驟中都要保持同樣的清醒、警覺、專注、覺知。為了要全程保持覺知，在「進入式子」這個步驟中，動作要刻意緩慢而不失流暢，仔細而輕柔。注意別過度伸展，如果感到勉強就錯了，永遠別讓自己伸展到極限。要由呼吸和心來接管，只需大約三十秒鐘，肌肉的筋膜就會放鬆。

在動作中，我們應該要留心觀察每個微小的移動，以及每個刹那所傳達給我們的一切訊息，就如自己正捧著一盆滿滿的水，一滴都不許潑出來。

剛開始時，注意力會被拉到身體緊張的部位。等到自己的功夫進步了，注意力會慢慢地由粗淺轉到細微，而在功夫更深了以後，就能觀察到整個動作的過程是從發動意念開始，氣（能量）流動到要動的地方，從而啓動神經和肌肉。

練習體位法時要「完全地不趕時間，但一刻也不虛擲」，盡量去探索！

呼吸對動作至關重要。一般而言，要合攏身體部位的「封閉型」式子（例如前彎式），是以呼氣開始。而打開身體部位的「開放型」式子（例如眼鏡蛇式），則是以吸氣開始。這六個步驟中從一個步驟到下一個步驟，以及體位法中從一個式子到下一個式子的銜接要能順暢，關鍵就在於保持呼吸的覺知，它就有如把項鍊珠子串在一起的線繩。

三、微調

進入式子之後，要有一個調整糾正的階段，這是對式子進行細微的調整。可能要稍微再加少許的伸展或扭轉，覺知才能更加清晰，才能獲得式子所帶來的益處。可能需要調整的部位是頸部、肩部或髖部，使它們能跟脊柱對稱。

四、定在式子中

此處的用心方式和第一步驟「找到中心原點」相同，心要往內觀察。修練體位法的一項原則是，不需要用到的肌肉就別去使用它。這就必須靠自己的判斷，要有所揀擇。其實不只體位法，平常不論行、住、坐、臥的姿勢也都是如此，不必用到的身體部位就要保持在放鬆狀態，如此一來，氣的能量才能順暢地通過這些部位，而運送到心念所集中的部位。在這個步驟中，仍然是有作爲的，但是要無爲而爲。

心要看著此刻身體上有緊張反應之處，把注意力、呼吸、氣能量全都用在伸展中的部位。此刻可能也需要注意到某些脈輪，或使用到特定的咒語，這些都要視修練的情況而定。

帕坦伽利的《瑜伽經》即說：「勿用勁，心處於無盡，（式子因而完善）」。（第二篇．第四十七節。參見本書第六章）

五、離開式子

此處的用心方式和第二步驟「進入式子」相同。但是要特別小心的是，在某些體位法，例如側彎式或三角式，特定的肌肉是處於高度緊繃的狀態，如果太急於離開式子的話，就會讓這些肌肉更加緊繃，因而造成拉傷。所以，一定要專注且輕柔地慢慢離開式子。

六、休息、反思

回到開始的中心原點，保持完全靜止，細細地觀察剛才所做體位帶來的「事後反應」。此時身體各部位的血液流動、體溫、氣能量活動都會有顯著的改變，呼吸節奏也可能會不同。我們該珍惜這個階段，別急著去做下一式。有些哈達瑜伽大師認爲此步驟是體位法中最重要的一段，他們甚至建議學生在做完每個式子之後立刻進入大休息式，來充分消化、吸收式子所帶來的覺知和效果。

有的人可能還不太明白第一個步驟「找到中心原點」的意思。具體而言，不論練習何種體位法，包括靜坐的坐姿，第一步都要找到自己的軸心。「軸心」就是從我們脊柱的底端到頭部的區域，此區域稱爲「彌盧之柱」（meru-danda）。「彌盧」❶傳統上是指位於宇宙中央的那座山，山的四面就是東、西、南、北四個方位，在修練瑜伽時，「彌盧之柱」就是你的軸心。靜坐時，你要把自己回攝到此軸心，但身體會妨礙到你對軸心的覺知，大多數人會感到有點不平衡，中心會偏右或偏左。你想費力坐直卻無濟於事，那是因爲腿不平衡的緣故。雙腿不能平衡，軸心就無法正直，例如有根直立的柱子是由兩支腳柱撐著以維持平衡，如果抽掉其中一支腳柱，柱子就會失去平衡。我的上師斯瓦米拉瑪在世時，很多人一進門就說要學高深的靜坐。他總是會請身邊的弟子先幫來人把坐姿調整好，如果連坐都坐不正，更遑論其他？

在做其他哈達體位法時，你也要從軸心動起，對自己脊柱的情況保持覺知，如此就更能夠控制自己的呼吸以及其他提升能量的作用。

結語

我們首先要記住，身體的動作永遠是跟隨著心念的流動，所以，應該把哈達瑜伽的體位當成是心念的流動來練習。如此一來，身體就會更容易聽你的使喚。我們一開始就強調，實際做哈達瑜伽之前，要在心裡先清楚地觀想每一個動作，這是為了訓練你明白身體的動作是跟著心在動，而非反過來以為是身體在動，心才會去覺知到它。

下一步，要認識到身體的動作是一種能量的流動，你要去體驗能量會在何時到達何處，知道現在該用根鎖（mulabandha）或舌鎖（khechari）等等（有關鎖印的

❶佛學中亦有須彌盧山（sumeru，簡稱「須彌山」），是指宇宙世界中心的聖山。印度傳統認為人世間的彌盧山是位於現今西藏境內藏人所稱的「岡仁波齊峰」、印度人所稱的「凱拉許山」（Kailash）。

介紹，請參見第十章）。這都只能靠自己下功夫去體驗，再多的語言、文字也幫不了你。

哈達瑜伽的體位可配合特殊的咒語來練習，例如從古以來，做拜日式時，就配合著念誦咒語（詳見第七章）。拜日式的咒語和用法會依各個傳承而有所不同，有的非常複雜難學，例如有種咒語就得一一誦出拜日式所表徵的二十五個世代循環。我們要知道瑜伽體位的每一式都有個獨特的名稱，哈達瑜伽基本八十四個體位法裡所使用的動物名稱，是代表我們成爲人類之前，靈魂轉世所經歷過的八百四十萬種生物的形態，每個名稱只是一個章回的篇名，每一個又各自代表了十萬個生物，我無法爲大家介紹所有這些生物的名字。每個式子之所以選用某個動物自有其道理，都是前人觀察動物姿態而觸動靈感所得。

哈達瑜伽的學問都是我們的天性，當時機成熟時，它就會在我們裡面吶喊，懂得如何去聆聽、觀察的人就能領悟。所以，就算所有瑜伽的學問統統遭到毀滅，它遲早又會被重新發掘出來，例如有些根器特別敏利的人，他們只要靜靜地坐著，就能領悟到它。以橫膈膜呼吸法（又稱爲「臍式呼吸法」或「腹式呼吸法」）爲例，我們得跟老師學習，好像這是個很了不起的功法，其實所有的人打從出生的那一天開始，就是以橫膈膜呼吸。你去觀察新生嬰兒的呼吸方式，看著他腹部自然地起伏，他哪裡需要人教導正確的呼吸方式？這是自然的瑜伽。又如，人爲何會打呵欠？那是因爲身體累積了二氧化碳，需要氧氣，或身體感到壓力而需要放鬆。所以，要自然地做出哈達瑜伽的伸展動作，就先滿滿地吸入一大口氣，然後吐出，你便可完成一個伸展動作。

你只要仔細地觀察自己那些自然而然的動作，就能領悟出一些瑜伽的動作。而現在卻要仰賴別人來教導那些我們天生就會的東西，爲什麼？因爲我們的心已不夠敏銳，都是從小所受訓練而導致。你受到的「現代」教育告訴你，只有理性思維才是正確的，任何違反理性思維的事物一定是錯誤的或無用的。宗教、本能、典禮儀式、神話傳說，以及與自然環境溝通等等，都是毫無用處的老古董，應該全盤拋棄。在這樣的社會背景中長大的人，心就會越來越不敏銳，而對我們自己和整個自然環境、宇宙的互動關係變得一無所知。你心念一閃的能量和太陽日冕光芒的閃爍有何關係？這兩者不僅是同一種能量，也是同一個動態。我們曉得月亮、潮汐以及生理週期的關係，卻不曉得心念和太陽的關係。

眞正哈達瑜伽的道理只有靠自己下功夫去練習才會了然於心，要在心中去練習，把它當成心的運動，當成禮拜，既是下對動物世界如蛇、駱駝、大象的禮拜，也是上對能量生命的光明世界禮拜。而你本來就是那能量的生命，不過暫時占有這個物質的身軀而已，所以要能駕馭這個身體。你若懷著如此的心態去修練哈達瑜伽，就能充分地享受它，而不是把它當成一種需要別人督促你去做的苦差事。

6 《瑜伽經》揭示的體位法心要

帕坦伽利所撰寫的《瑜伽經》分為四篇，共有約二百節的簡短經句，其中關於體位姿勢的部分只有三段，分別是第二篇的第四十六、四十七、四十八節經句。

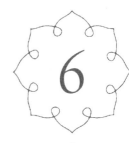

保持穩定且舒適的姿勢

姿勢應穩定而舒適。(sthira-sukham asanam)

——《瑜伽經》(第二篇・第四十六節)

姿勢不只是要穩定，不只是要舒適，是要穩定「而且」舒適。也可以這麼說，如果當你的姿勢穩定，而不會覺得不舒適時，你的姿勢就是完美的。你不只是要選一個穩定而舒適的姿勢，且要選定一個即使長時間坐下來也不會感到不舒適的姿勢，那才是完美的姿勢。開始時是穩定而舒適的姿勢，你把它練成穩定又不會令你不舒適的姿勢，才是完美。

放鬆身心，將心定於「無盡」

勿用勁，心處於無盡，（式子因而完善）。

(pra-yatna-shaithilya-ananta-sam-a-pattibhyam)

——《瑜伽經》（第二篇・第四十七節）

我的老師斯瓦米拉瑪曾經說過，所有瑜伽的體位式子可以分爲偏重身體的和偏重禪定的兩種。這一節經句所指的即是禪定的式子，但是在某種程度內，偏重身體的式子也可以是禪定的式子，因爲一定要帶著禪定的心態來練習，才算是眞正的修練。

我們說過，「hatha」（哈達）其中的一個字義固然是「使勁」，但是如果能越不使勁、越是放鬆地去練習體位的式子，結果反而會更好。「hatha」另一個字義是

「日」（ha）、「月」（tha），即是指一左、一右的鼻息。使用呼吸的節奏配合放鬆身心，體位就會做得更爲完善。練習體位時，如果心在掙扎，身體也在掙扎，式子如何可能做好？心應該要完全地放鬆，即使要出勁，也要屬於放鬆地出勁，身心都放鬆，才能更容易、更舒適地做好式子。

做好瑜伽體位法式子還有個祕訣，就是在練習任何新的式子之前，最好先在心中做到熟練，要看住這個心在做的過程。如果時間允許，瑜伽老師和學生可在開始上課時先花點時間用「心」來練習。老師可以示範或以言語描述，學生先完全放鬆身心聆聽，然後在內心觀想自己去做每個動作，要「看見」全部動作的過程，不只是那個靜止的完成式，而是如何優雅地進入、停止、離開那個式子。初學者尤其應該在心中體驗以輕易、流暢、優雅的動作，來比劃出整個式子，先在心中觀想，再實際操練。到後來，學生在心中練習時，就可認出自己在哪個地方有障礙，從而在心中先試著把動作調順。如此一來，身體中原本緊張僵硬的部位便會逐漸地鬆開，式子就會變得穩定而舒適。這即是前半節經句「勿用勁」（prayatna-shaithilya）的意思。

後半節經句「心處於無盡」（ananta-sam-a-pattibhyam）是指心專注於無盡，這是一種解釋。梵語「ananta」（無盡）一詞和「有盡」、「有限」的觀念有關，後兩者就是指「我們以爲自己即是存在於時空中的這個身體」的觀念。我們這個身體是粗重的，它受地心引力所限，因爲有這個引力所帶來的重量感，所以我們才會感到僵硬、沉重。身體也是被時空、前因後果所限制，如果心能超脫這些限制，我們就能成爲「無盡」的一部分。所以，原本因爲受到時空等因素所局限而僵硬、無法輕易操控的，於今視爲是「無盡」的一部分，就變得可以輕易操控。

也許目前你會覺得，就算將心專注於「無盡」，也不可能讓身體在不費勁的情況下做出完美的體位式子。如果有這種想法的話，你就是在把手段（sadhana）當成了目的（sadhya），把目的當成了手段。最高的三摩地就是完全的、最深的專注，就是心處於無盡，這才是目的。所有的體位法或其他法門都只是方法、手段而已。所以，對這一節經句的一種解讀是，心能夠定於「無盡」，到達最高深的境地，身體自然得以完善。

這節經句的第二種解讀是，將其中「ananta」（無盡）一詞換成了「anantya」（虛空），於是就成了「心專注於虛空，（式子自然完善）」。如果心能處於虛空，能觀想身體內外都是虛空，自然能使得身體變得輕盈而無須費勁。換言之，前半節經句所言的「勿用勁」，是由於心能專注於虛空而自然做到。

你的身體是由無數的原子所構成，而原子的內部幾乎全部是空間。據說假如一粒氫原子的原子核大如一顆彈珠的話，整個原子就會大如一個足球場，原子中的電子則是在足球場邊緣飛快地繞著原子核而轉。既然如此，構成你身體最大的成分就是空間。如果你的身體是空空的，扭轉起來有何困難？

現代科學一直在找尋次原子，它是比原子更小的粒子。例如有種稱爲「普賽」（psi）的粒子，它一閃即逝，短到不超過一億兆分之一秒的時間就消失。我對這個題目一直很感興趣，這顯示出科學界已經能夠抓住（或推算出）如此短暫的存在期間。心是最細微的一種物質能量，在禪定中的心則能注意到更短暫、更快速的期間。

這節經句還有第三種解讀方式，可說是有些神話意境的解讀。神話不是別的，其實它的底子就是哲學，不過是以引人入勝的象徵形式來表達。哲學沉澱到潛意識領域就成了神話，神話可說是感性和情緒層次所表達出來的哲學。所有的神話角色都來自於哲學，其中有神聖的、躁動的和陰暗的角色。這節經句與神話的關係，關鍵同樣是「無盡」一詞，以神話的角度來解讀，此詞代表無窮盡、無邊際、循環不息的靈蛇（Shesha）❶，意指「所餘」，因爲當宇宙世界都消融不見時，只會剩下這靈蛇，所以它是「所餘」。毗濕奴這位負責保育之神❷，就睡在這條捲起來代表「無盡」和「宇宙所餘」的靈蛇之上。關於這條靈蛇，在印度的神話中，說它有百萬個頭，蛇身立在一隻靈龜之上，我們的地球世界則是撐在靈蛇的頭上。當靈龜一動，靈蛇就會跟著動，我們的世界就會震動。任何體位得以成就而完美，即是表示這隻靈龜已經稱意，所以它是靜止的，我們的姿勢也因而能穩固不動。

除掉這些美麗的圖像，以瑜伽的語言來說，靈蛇即是「昆達里尼」（Kundalini）能量。若昆達里尼能量穩固不動，整個身體都會穩固不動，如同處於無風之處的火焰。音調、眼神、聽覺、觸覺、言語、心念、姿勢等等，一切都會靜止下來。

靈蛇以靈龜爲座，它代表昆達里尼能量，代表我們的脊柱，是身體的軸心。昆達里尼不能暢流、脊柱不正，你就失去平衡，一切姿勢自然不可能完美。靈龜又是什麼呢？《薄伽梵歌》有段話說：「如龜收縮肢體，智者將所有感官往內回攝。」《瑜伽經》也說：「專注於龜脈可以得止。」（第三篇．第三十一節）龜脈是位於心窩附近的一條特殊脈絡，當你收攝感官，就有如烏龜收縮牠的肢體，唯有此時，內在那條無盡靈蛇才能伸直，它無數的頭會爲你注入全面生命的能量。若靈龜一動，靈蛇（地球）就會動搖，姿勢就走樣了。所以，這節經句即是指專注於這條無盡空間的靈蛇，姿勢得以改正而達到完善。要想讓這條靈蛇伸展，那就是要挺直你的脊柱。

昆達里尼能量之所以不可思議，並不在於它是一切動力的來源，而是在於它讓一切靜止下來。比起任何人類已知物質粒子的振動，它的脈動還要更細微，因此當

---

❶常見的蛇含住自己尾巴的圖像，就有首尾相連、循環不息的意義。

❷毗濕奴是印度傳統的三神之一。另外兩位神是負責生發的梵天（Brahma，並非至尊的「梵」（Brahman」），以及負責消融的希瓦（Shiva，舊譯「濕婆」）。

你完全專注時，你的心能穿越時空、前因後果，而定在某個點上，你的整個身體因此變得穩固。你只要去尋找到那個點即可。

每當我見到身體靜不下來的人，就會爲他難過。我並不是說我們的身體不能動，身體可以自由活動，但活動是要出於自己的意志。我們盡可以去跳舞或放鬆地站著，但是要清清楚楚地覺知身體的狀態，而且隨自己的意欲可以做到在一瞬間靜止下來，完全不再動，心專注於一處毫不游移。如果能做到這個地步，能隨心所欲保持專注於那個點上，那我們就能克服自己的情緒。身子無法安靜而老是不由自主抖動的人，多半是由於情緒有所失調而引起的。換言之，情緒穩定的人，他的身體是穩定的，說話的聲音也是穩定的。

完美的體位姿勢有同樣的意義。不只是修練瑜伽時如此，我們走路、站立時的姿勢如何，在聚會場合與人交談時的姿勢又是如何，對這些都要保持覺知。戲劇學校訓練演員學生保持端正的姿勢，但這主要是靠控制肌肉來做到的。假如不是本於穩定的情緒和心思的話，就會流於造作。心不定的人會不停地講話、進食，且不由自主地動來動去，這即是表示他們的情緒有所失調。

我們該怎麼做？要先從自己的生活中做起。假如我們的心不專一，分心就會導致姿勢不協調。隨著自己心靈的成長，應該更加留意自己的姿勢。這影響是相互的，情緒會影響到姿勢，姿勢也同樣能影響到情緒。

記得好幾年前，我們辦了一個週末的工作坊，結果有人反映，爲何要坐上十五分鐘不能動，其目的何在？假如某人連十五分鐘都坐不住，那麼，他可能上班十五天就想辭職，可能選修一門課不到十五天就想退選，也可能無法忠於自己的配偶十五年之久。因爲他無法穩定自己的情緒，會一直想要逃避。我們要在日常生活的一舉一動中完善自己的姿勢，以姿勢改善自己的情緒。你的姿勢和情緒穩定了，說話的方式就會有所不同。有些人講話完全是從嘴巴的前端說出來的，並非發自內心深處的肺腑之言；他們身體的姿勢懶散，說出來的話語也是懶散的，既沒有要點，也沒有方向和途徑，那是因爲他們的心散亂而沒有條理的緣故。

我們用了幾種不同的解讀方式來研究《瑜伽經》這一節關於如何完善體位法的式子，但是要再次提醒大家，別只在修練瑜伽體位法時才去講究姿勢的完美，日常生活中都要繼續保持覺知，從姿勢就能看出你心的去向。我說過，你可以放鬆、彎腰、隨意站著，但是你要有控制力，只要你一作意，就能夠豎直脊柱，停在那裡，要多久都可以隨你的意願。如果能把脊柱當作軸心，讓心優雅地活動，懂得靈蛇的道理，那你就不用跟舞蹈老師學跳舞了，因為你動起來就會像是舞蹈一般從容。我們的心越是穩定，就越能夠控制自己的動作，動起來就會越優雅。

我並非在教瑜伽體位，而是在教導瑜伽體位之道。你要知道自己的心如何會干擾到姿勢，就在心地上下功夫，自然能改正姿勢，而變得完善。心裡面究竟有何原因讓你的身體不自主地要動起來？那個原因就是會驅使你逃離一段情緣的原因，它讓你不停地結婚、離婚，再結婚、離婚；它也是會讓你無法長時間專注於某個主題的原因，而讓你不停地找老師、換老師，練法門、換法門，總是跳個不停。那麼，你便是在練「兔式」！

超越對立，達到完美的平衡

能如是，乃不受對立所苦。（tato-dvandvanabhi-ghatah）

——《瑜伽經》（第二篇．第四十八節）

現在，我們來看看第三節經句。「能如是」，是說能做到前面第四十六節（姿勢應穩定而舒適）以及第四十七節（勿用勁，心處於「無盡」）的要求，姿勢已經達到完美，這表示你是處於兩個極端的中間，不會被「對立」（dvandva）所干擾而分心。

「對立」即是有「二」，有對比、差別。之所以會有整個世界都是因爲有「二」，當「二」變成了「一」，就不會再有世界。如果時空、前後因果都變爲「一」，就無「過去」和「未來」的對比，也無「這裡」和「那裡」的差別，「二」就成了「一」。到此也無左脈和右脈之分，你處於中脈之流。你是一個全面的、完整的生命，與你的本來自性合而爲一。

如果我們有兩個選擇，就會有矛盾，情緒上有兩個「一」，就是二心，我們的內在分裂而有了兩個人格。因爲必須同時注意到兩件事，心就分成了「二」，發展出情緒的「二」、心靈的「二」及生理的「二」。我們在對立的兩個極端中糾纏不已，就有熱和冷、苦與樂等等的分別心。人類甚至以自己心中的印象來描繪天堂，例如中東地區的以色列人、阿拉伯人等民族，因爲生活在氣溫較高的環境，他們神話中的地獄就是炙熱的地方，而天堂則是清泉流注、樹蔭成片的蔭涼處。反之，北歐民族神話中的地獄則是漫漫長夜、異常寒冷的地方。我們這輩子所渴望而無法獲得的東西，就希望來世能得到，那種渴望就成了我們理想中天堂的形象。其實，天堂和地獄都不是眞實的，是那些對立的分別心在玩弄我們。

能把靜坐姿勢做得完美的人，就不會再被那些分別心所干擾。脊柱這條軸心能直立而穩固，不傾向於任何一方，就是完美的平衡。旋轉中的陀螺，由於它的向心力和離心力能彼此平衡，有個軸心，所以不會倒下。如果你找到自己人生的軸心，你的姿勢就會顯露出來。你的身體、情緒都會穩固，不會輕易地被冷熱、苦樂、毀譽等等相對事物所分心。你可以像是一名冷靜的旁觀者在目睹這些對立，這變成你自然的反應，也就成了一種修持。

在喜馬拉雅山中的岩洞寺院，老師可不是在第一天就開始教《瑜伽經》，而是讓弟子先學習靜坐。包括我在內的很多人都想去岩洞中修行，可是很多人連六分鐘都無法保持不動，遑論要連坐六個小時了。克服疼痛的祕訣，就在於克服對立。我們強迫身體去長久忍受疼痛是不成的，要克服的是對苦樂的分別心，要泯除分別，將對立統一。

姿勢能做到完美，自然能克服這種對立的分別心。相反的，如果你無法克服日常生活中所生起的情緒，在「這個」與「那個」之間掙扎，那你就會坐不住。因爲心日夜不停地跳來跳去，在靜坐時也停不住，就會影響到身體軸心的穩定，軸心一動，身體這個大地就會跟著晃動。

一般人以爲所謂「苦行」是要能強行忍受苦痛、冷熱，或在大雪紛飛中刻意穿件單薄的衣服，嚴重傷風也不悔。這不是苦行的眞諦，眞諦是能克服對冷、熱的那種分別心，然後不覺得有苦。

要完善自己的姿勢，你就要先在心中去看要做出姿勢的念頭是如何開始的，從那地方送出正確的指令，自然就能做到。姿勢能夠穩定，就反映了心緒、生活和決斷力的穩定。這就是肢體的語言。

7 哈達瑜伽與咒語——以拜日式爲例

哈達瑜伽和其他類別的瑜伽有密切的關係，例如咒語瑜伽。哈達瑜伽的個別體位姿勢都有個別的咒語，練習體位式子時可在心中同時持咒。現在僅以拜日式爲例說明。

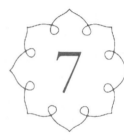

以六個種子字配合十二式

拜日式的咒語以及使用法有好幾種，每個老師所教的拜日式會有些許不同，但都可以分解爲十二式。每個式子都配有不同的太陽神名號（這就是咒語），一共有十二個；還有的是用六個種子字來配十二個式子。現在先介紹六個種子字。

方法是從第一式至第六式依次使用一個種子字，從第七式至第十二式再重複使用這六個種子字。也有人主張在前六式做完後，第七式至第十二式種子字的使用順序是反過來的，亦即從第六字倒回至第一字。這兩種做法並無太大不同，不過我個人覺得第二種做法在做到第七式時，會有點不順暢。這兩種方式你都可以去試，看哪一種比較適合自己。

這六個種子字與十二式的配合方法是：

種子字	拜日式	
Hraam	第一式	第七式
Hreem	第二式	第八式
Hroom	第三式	第九式
Hraim	第四式	第十式
Hraum	第五式	第十一式
Hrah	第六式	第十二式

※ 斯瓦米韋達的示範發音請見網址：
https://youtu.be/eTuy6MYkLnY

你要先練習正確的發音，要發出聲來練習一、二個星期，等熟悉了每個種子字的聲音之後，就不用再發出聲音來，改成在心中默念。練習時，要記住是從心窩、肚臍部位發聲，將注意力集中到這些部位，發音時感覺振動一路由肚臍往上。

梵語動詞字根「man」意指思想、冥想，所以梵語的「mantra」（咒語）、英文中的「man」（人）、「meditation」（冥想）都是從「man」而來。如果將「man」拆開成爲「m」＋「an」，「an」就是「ana」（有生命、有氣息）的字根。所有的五種「氣」：「prana」（呼吸氣）、「apana」（下行氣）、「udana」（上行氣）、「vyana」（周身氣）、「samana」（平行氣），每個字中都帶有「an」。所以「m」＋「an」裡的「an」就表示氣身層的動作，而「m」表示意身層的動作，兩者合起來表示「靜默（m）融入氣息（an）中」，這不就是冥想嗎？

梵語的每個字母本身都是一個咒語，例如長母音的「a（aa）」、「i（ee）」、「u（oo）」、「ai」、「au」、「ah」都是咒語。但是字母要加上「m」的收尾音才有咒語的效力，所以，上面的長母音加上「m」收尾音就成了「aam」、「eem」、「oom」、「aim」、「aum（om）」。「m」是所有字母中唯一要閉著嘴發音的字母，就是不外露而向內收斂，變成鼻音。所以，持咒就是要將心念向內收攝，進入靜默。鼻音收尾在咒語中是很重要的，它表徵了「氣」在語言中。我們說話會用掉非常多的「氣」，醫學研究還證實，不只說話時血壓會上升，甚至光是起心動念想要說話都會導致血壓上升。

你會注意到上述這六個種子字的起頭都是字母「h」和「r」兩個字，前者在咒語學問中代表的是太陽能，後者則代表火。可是在脈輪的學問中，「h」的位置是在眉心，音節「ram」則是在肚臍心，連接這兩者就是在向太陽禮拜。將臍輪的火和眉心輪的光連接起來就是在拜日，這是一種內在的密行，是經由呼吸連接這兩者來啓動、來感覺。

跟著「h」和「r」之後的是咒字中的母音，共有六個，所以這些種子咒的結構都可以分成四個部分：「h」＋「r」＋母音＋「m」（第六個收尾是「ha」音，是另外一個題目）。

當你學會了這六個種子字的發音之後，現在再介紹另一個更進一步的持誦法。

你發出咒語「OM」（嗡）的聲音，同時在心中默念種子字。以第一個字爲例，注意不是先「OM」再「hraam」，而是「hraam」含在「OM」之中，所以旁人只聽到「OM」的聲音，而聽不到種子字的聲音。練習發音時要記住放鬆，不帶「OM」音時，這六個種子字要從肚臍往上提，帶「OM」音也是如此。

OM + hraam
OM + hreem
OM + hroom
OM + hraim
OM + hraum
OM + hrah

※ 斯瓦米韋達的示範發音請見網址：https://youtu.be/lhneAj3Wrh8

順便一提，在發「OM」字咒音時，很多人會發成「O——M」，把「O」拉得很長，結尾的「M」鼻音收尾很短或幾乎聽不到。我們不建議如此做，咒字中的「M」音至少要占一半的發音時間，「O——M——……」，因爲「M」音帶我們往內走，走到最後無音的靜默部分（……），那也是咒語的一部分，不能省略。

初學者在練習時，單純地使用六個種子咒即可，不必結合「OM」。注意在發音時要從肚臍部位發聲，拉長中間的母音，收尾「m」音也要長。漸漸地，也許可以在發音時感覺到手指尖都在震動，這就是在用整個身體唱誦咒語。

也有老師會教人將「OM」和種子字分別讀，而不是合起來讀。這都是可以的，並無硬性規定。我們這裡介紹的只是其中一個方式而已。

實際練習拜日式時，要在心中默念種子字❶，在我們喜馬拉雅瑜伽的傳承裡，在心中默念是最好的持咒方式。如果有老師帶領時，就由老師爲大家發音誦咒，學生聽著咒音默默地跟著做，效果也很好。基本上一個種子字音的長度是配合一個動作，例如式子的前半個動作是拉長的母音（例如「hraa——」），後半個動作是「m——」音。但是，如果動作的時間長過一個字音，也可重複同一個種子字，直到完成這一個動作，到下一個動作時再換下一個種子字，其餘類推。如果你的身體夠放鬆、呼吸夠緩慢、心念夠專注，就可以在一個種子字內完成一個動

❶練習拜日式時必須默念，因為有的式子（例如後仰等）是要配合吸氣來練習，就會無法發音。

作。剛開始如果做不到，也很正常。自己去親身實驗，熟練了就會抓到適合自己的節奏。

不論練習任何體位都有三個原則：(一)身體放鬆；(二)有覺知而緩慢地呼吸；(三)專注的心念。最主要的是從「放鬆」開始，你要檢查自己，不需要用到的部位就要放鬆，它才不會阻礙「氣」的流動，讓能量去到需要使用到能量的部位，那麼原本做不到的姿勢就可以慢慢地做到。否則，你會因「氣」的堵塞而感到僵硬、痠痛，也容易傷到關節。「放鬆」是做好一切體位法的基本要求，而最容易忽略的地方是下顎，我們往往一覺得緊張就會咬緊牙根。我見到有人在練習大休息式乃至瑜伽睡眠時，都咬緊著牙根，這要如何放鬆呢？只要學會完全放鬆牙根，就會一路鬆到太陽穴的位置，頭腦就會清楚，想講話的欲望也會降低。

我身體還行時，做一遍拜日式至少要三十五分鐘。我可以在二十二分鐘之內把一部長達七百誦的《薄伽梵歌》背誦一遍，但我沒有三十五分鐘就做不完一遍拜日式。你要是能放慢到三十分鐘才做完一遍拜日式，那才是進步。你們剛開始可以試著慢慢放慢節奏，例如從六分鐘做一遍開始，再放慢到十二分鐘，慢慢做到能同時注意自己的心念是否保持專注。有人說這種慢動作的瑜伽會讓人無聊到睡著，笑稱是「打瞌睡瑜伽」。他們其實並不知道這樣一個慢動作、一個呼吸之間，能給人帶來多少能量。

就以嬰兒式爲例，我們要求的標準不在乎身體的外形如何，或跪下時胸部能多麼地貼緊大腿，或臀部是否能完全地坐在小腿或腳跟上。我會先看你是如何進入這個式子，開始彎腰蹲下去時身體是否放鬆，呼吸的狀態如何，心念是否集中，牙根是否鬆開。你會發現，如果動作一快，就往往無法照顧到這些，只有放慢才能「有時間」注意到每個細節，才會注意到自己的心在做什麼。一定要記住前述體位法的六個步驟。（參見第五章）

你慢慢地進入嬰兒式，到適合自己身體柔軟度的地方就定住，蜷伏在那裡片刻，先把氣呼盡，別急著起身。然後緩緩地吸氣，在吸氣的同時開始慢慢地起身，肩部放鬆，別咬住牙根，額頭保持放鬆，如果不能一口氣內做完的人，可以換氣。放慢、放慢，幾乎覺得是「氣」在把你提起來的。就只是這起身的半式，就能讓你感到寧靜喜樂，要是情況允許，你就慢慢地坐下，靜坐片刻，繼續和緩地呼吸，享受這片刻，然後再繼續練習下一個式子。有人曾幫我測量，我光是做起身這一個動作就要一分十五秒。是的，慢到旁觀的人都會想打呵欠，但是光這一分十五秒，就能把我送入喜樂的境地。你們練習這一個起身動作要多少時間呢？我建議你試試看以十五秒鐘來起身，然後告訴我有何不同，是比較容易，還是比較困難？

把身體提起來的那個力量就是「氣」。「氣」是因專注而啓動，心是因專注而入靜，如此就是開始進入靜坐。靜坐的過程無他，就是專注、觀察，不是去做什麼，而是去觀察有什麼。

以十二個太陽神名號配合十二式

除了種子字以外，還有十二個太陽神名號，在咒語中依梵語文法變成「與格」，再結合常見的咒語歸敬詞「南嘛哈」（namaha）❷。這也許有點複雜，你不一定需要用到，不過還是列在下面：

太陽神名號		名號的「與格」＋歸敬詞
1	Mitra	Mitraaya namaha
2	Ravi	Ravaye namaha
3	Soorya	Sooryaaya namaha
4	Bhaanu	Bhaanave namaha
5	Khaga	Khagaaye namaha
6	Pooshan	Pooshne namaha
7	Hiranyagarbha	Hiranyagarbhaaya namaha
8	Mareechin	Mareechine namaha
9	Aaditya	Aadityaaya namaha
10	Savitri	Savitre namaha
11	Arka	Arkaaya namaha
12	Bhaaskara	Bhaaskaraaya namaha

※ 斯瓦米韋達的示範發音請見網址：
https://youtu.be/0uJ8DI4TKSg

❷「namah」意指「歸敬」、「稽首」，常見的譯音是「南無」，這是因為後面如果接著是「a」（阿）字音，「namah」就變成「namo」（讀成「南摩」）。例如「Amitabha」（阿彌陀佛）、「Avalokiteshvara」（觀世音菩薩），兩者的梵語字首皆是「a」（阿），所以「南無阿彌陀佛」、「南無觀世音菩薩」分別讀成「南摩阿彌陀佛」、「南摩觀世音菩薩」。如果接著的字首是「s」字音，「namah」就要讀成「南嘛」。但是，「namah」在語句尾時又要讀成「namaha」（南嘛哈）。

完整的咒語就是在前面加上種子字，於是成爲：

種子字		名號的「與格」＋歸敬詞
1	Hraam	Mitraaya namaha
2	Hreem	Ravaye namaha
3	Hroom	Sooryaaya namaha
4	Hraim	Bhaanave namaha
5	Hraum	Khagaaye namaha
6	Hrah	Pooshne namaha
7	Hraam	Hiranyagarbhaaya namaha
8	Hreem	Mareechine namaha
9	Hroom	Aadityaaya namaha
10	Hraim	Savitre namaha
11	Hraum	Arkaaya namaha
12	Hrah	Bhaaskaraaya namaha

※ 斯瓦米韋達的示範發音請見網址：
https://youtu.be/RPnSyk7mjbk

「Mitra」這個太陽神名號在古羅馬、伊朗都曾出現，根源都是《吠陀》中的太陽神「Mitra」。「彌勒」是「Maitreya」的音譯，字義是「太陽神之子」，就是「日佛」。這都與「日學」（Surya-vidya）有關，這個「日」並不是在天上的那個圓球狀的太陽。

如果你不熟悉這些名號，剛開始時會覺得很困難。等到你熟悉後，就可以將這十二句用於拜日式對應的十二個動作。在實際應用時有兩個方式，一個是你在進入式子的動作中默念種子咒，例如第一個動作抬起到雙手前時默念「Hraam」，當你定在式子中不動時，默念神的名號和歸敬詞，將雙手合十在胸前定住時默念「Mitraaya namaha」。進入下一個動作，雙手緩緩地向上舉起仰身時默念「Hreem」，仰身雙手舉到定位定住時默念「Ravaye namaha」。以此類推，照這個方式做完十二個動作。

第二個方式是不分動態或靜態，整個式子從開始到定住，咒語都是要默念的，從種子字到名號到歸敬詞，一氣呵成，不分開默念，例如第一個動作就默念「Hraam Mitraaya namaha」，第二個動作就默念「Hreem Ravaye namaha」等等。兩種方法你都可去實驗，選用比較適合自己的方法。

如果你有自己個人的咒語，也可以用在拜日式或任何體位法，不一定要用此處所介紹的咒語。你使用自己的咒語有兩個好處，它能強化你持咒的能力，也能強化你的體位姿勢。其實在練習體位時，持咒與否都無妨。但不持咒反而是比較困難的方式，因為你的心念往往會跑到別的地方。

放下咒語，僅覺知動作、呼吸

在做體位時，如何真正做到沒有任何妄念呢？如果你學會了「瑜伽睡眠法」（yoga nidra）❸，能完全做到「無念」，那時唯一的心念就是一種無言、無名的覺知。我做拜日式時，做一套所得到的好處可能比你們做六套的好處還要多，因為我在做時便是處於這種「無念」的狀態下。這種狀態毫無妄念，甚至也無咒語，僅僅覺知到自己的動作和呼吸而已。

談到瑜伽睡眠，我可以在五分鐘內教會你怎麼做，讓你經驗那是怎麼一回事，可是你無法保住這個狀態。如果你未先做好瑜伽睡眠的準備功夫，它是無法扎根的。首先，你要老實地去練習在大休息式中做放鬆法，可能需要持續做半年到一年的時間。然後，要練習「六十一點觀想法」❹。記住六十一個點的位置和順序不難，但是要將心念定在每個點上五秒鐘，可不是那麼容易立即就能做到的。

你要明白，我們入睡的過程和瑜伽睡眠法的過程一樣，也跟進入禪定的過程相同。先是整個世界都在你心頭；然後你放掉外面的世界，心中只有房間四壁所包圍的空間；跟著你只覺知到自己所躺著的床鋪，再來只覺知到你所蓋著的被子；接下來你只感覺到你整個身體，包括頭、軀幹和四肢；你覺知的範圍再慢慢地縮小，縮小到脈輪系統，其他的都消失了。在放鬆法中，你也會來到這個無以名狀的覺知，你覺知到自己的存在，但不會感覺到身體四肢。

---

❸「瑜伽睡眠」（yoga nidra）並非只是大休息式的放鬆練習，而是依不同目的而有種種不同的觀想法，或依照一定步驟逐點觀想自身幾十個穴位，或導引神識住於特定的脈輪。而當進入真正的睡眠瑜伽狀態時（若以儀器測量，腦波會呈現δ頻率），也應該以十分鐘為限，以免陷入昏沉。

❹「六十一點觀想法」是瑜伽睡眠法中的準備功夫，做法是採大休息式平躺，全身放鬆後，由眉心開始次第逐點觀想分布於全身的六十一個「點」。每個「點」應該停留至少三至五秒鐘，練習者應該全程保持清醒專注，不可陷入昏沉。再進一步的練法要觀想每個點會放光（又分白光和藍光），乃至於將每個點連成線，串成一片光網，再收束回為一點。更深一層的功法則是配合咒語觀想或增加「點」的數目，也有為初學者而減少為只觀上半身的三十一點。此法開始需要由老師帶領，其後可以自行練習。

在大休息式子中做的點對點呼吸，會覺得呼吸似乎是在自己外面周圍流動，然後流回裡面。例如你從心窩吸氣，從頭頂呼出，然後從肚臍吸氣，可是你已經從頭頂出去了，如何回來？這個部分老師並不會解釋，而是讓你自己去找到回來的路徑，你一定會找到的。

所以，每個人的情況都不同，不要以是否擁有或何時擁有這些經驗來評判自己和他人。你做放鬆法有進步的徵象是，你首先會覺知到身體四肢好像變得很沉重，或會覺知不到身體的四肢。接著，你感覺自己好像睡著了，可是你明白自己並未睡著。

你如何知道自己已經練熟了？例如你靜坐功夫深了，能坐上九十分鐘，內心到達某個深沉的靜止境地。假如你站在購物中心或超市裡，能一瞬間就進去那個同樣深沉的境地，這才是我所謂的「熟練」。我們要讓它成爲一個方便的利器，隨時隨地都可利用，不能等到要使用時才臨陣磨槍。某人在電話中辱罵你，你也可以回罵，但那就不能讓他安靜下來，你自己也無法安靜。你利用那個利器，進入靜止的境地，聲音就會改變，對方的反應也會跟著改變。如果你認爲做不到，那就表示這一步功夫尚未熟練，還要不斷地修練，別急著進行下一步。這是測試自己是否眞正已經練熟的檢驗標準，你的功夫隨時都要能到達那個深度才行。

請各位務必記住這項原則，修行中所產生的任何經驗，例如在靜坐時有何種「境界」，你一定要秉持客觀的態度去觀察，不要有任何情緒反應，也不帶任何成見。不要想「我有所成就」或「我無所成就」、「別人比我好」或「別人不如我」、「爲什麼老師單獨指導某人」或「他把什麼祕密傳給某人」。這些心態我都知道，因爲自己是過來人。當年我的上師會故意這麼做來試探弟子，每次我約好時間去見他，到時他就先一步把某人叫進房中，將我關在門外枯等。我是我們美國當地中心的負責人，他逢人就說我是他最好的學生、我有多麼優秀。可是，「他究竟在傳什麼特別的法給某人，居然不肯教我！」我那時隨身帶著一張紙條，上面寫著自認爲很重要的問題，準備一有機會跟上師單獨相處時就要請教他，「可是他居然連這個機會都不給我！……」你有過這種心態嗎？過了一陣子，我明白了，心中放下而不再計較這些。突然間，他反過來傳喚我去見他了。

我常對學生說，不要貪多求快，無論任何功夫都要先熟練之後，才去練習下一步。你如何知道自己是否已經熟練了，我通常不會先告訴人，你到哪一個地步就會有什麼體驗，因爲這有一種暗示的作用，學生就會期待某種經驗降臨。如果這個經驗不出現，他就會開始焦慮，或幻想出這個經驗。而且就算你眞的經驗到了，旁人也會說這不是眞實的，是某人把這個經驗灌輸到你的意識中所產生的。

所以，眞正的瑜伽大師都直接讓學生去練習，從來不爲人解說爲何要練、練了有何好處、會有何種徵象、何時才會發生、這種經驗稱爲什麼等等。因爲說了只會讓人產生更多的成見，更加執著、計較，而修行本是應該要打破這種執著的。在修行中有任何特殊的經驗，就只從旁觀察即可，無須去評斷它的好壞。

8 究竟的瑜伽調息法

「調息」是指完整的呼吸

「調息法」的梵語是「pranayama」，它是由「prana」和「ayama」兩個字所組成。「prana」一詞又是由字首的「pra」和動詞字根「an」所組成。「pra」意指「往前」、「往外」、「完整」；「an」則指「有氣息」。與「an」有關的英文字，例如「anima」（生命、靈魂）、「animal」（動物）、「animate」（生動）。「prana」即指「呼吸」，精確地說是完整呼吸，並非指在鼻孔進出的呼吸，而是指生命力，那股力就稱爲「息」❶。「ayama」意指「擴充」，所以將氣擴而充之

❶梵語「prana」在本文中譯為「息」，亦可以譯為「氣」、「呼吸」、「生命能」等等。佛經中有音譯為「般那」。依佛門的修息法，一呼一吸稱為「一息」，乃至由「呼」轉「吸」、由「吸」轉「呼」之間的那個一頓稱為「一息」，是人命之所在，至為關鍵。瑜伽大師也說這是要做功夫的地方，甚至可以因而了脫生死。

或將生命力變得充盈就是「調息」。

瑜伽的鍛鍊是要把這股生命力擴而充之，達到完整、圓滿，這股力因而才是完整的生命力。對我們大多數人而言，現在這股力只展現了少部分，所以我們只有部分是「活」的，其他部分則是「死」的。我們行、住、坐、臥之間都不是完全地活著，能將生命力擴充到完整的境界就是「調息」。

所有這些名詞都有許多不同的定義，例如在哈達瑜伽中，調息分成出息（recaka）、入息（puraka）和住息（kumbhaka）三部分。然而，聖哲商羯羅阿闍黎（Shankaracarya）則說，在《光點奧義書》（*Tejo-bindu Upanishad*）中，「recaka」是指除了「我就是梵（brahman）」這一念之外，將一切思想、念頭全都放空、都呼出去；「puraka」是指讓「我就是梵」這一個認知、這一念灌注於心中，吸進來；「kumbhaka」是指心停住於「我就是梵」的這一念認知中。所以，同一個字用在不同的地方時，其意義完全不同。

調息是爲了進入禪定

大多數人將哈達瑜伽的調息法當成一種呼吸的練習法，然而它有更奧妙之處，那就是在禪定的層面。正如同我們說哈達瑜伽的體位法是爲調整好身體，而使靜坐姿勢正確，讓身體別變成禪定的障礙。調息法也同樣是爲了靜坐而練，甚至其本身就是靜坐的一個環節，是禪定的準備功夫。

靜坐有很多種不同的門派，但是無論是穆斯林體系中神祕的「蘇菲派」（Sufis）或是基督教體系中較少人知的「寂靜派」（Hesychasm），也無論中國的道家、佛教各宗派或禪定瑜伽等，幾乎所有的門派都有一個共通的下手處，那就是「呼吸覺知」。

佛教傳承有個眾所周知的修行法門稱爲「念住」或「念處」（梵 smriti-upasthana；巴 satipatthana），現代很多學習瑜伽者都不知道這在瑜伽傳承中有多重要。《瑜伽經》第一篇的第二十節經句：

於他人，信、進、念、定、慧爲（得三摩地）前行（方便）。❷

（shraddha virya smriti samadhi prajna purvakah itaresham）

古代註解《瑜伽經》最權威的聖人威亞薩（Vyasa）在爲這一段經文所做的釋論就提到梵語「smriti-upasthana」（即巴利語的「sati-patthana」）意指「心念恆在」、「覺知」。很多人一看到梵語「smriti」就將它譯成「記憶」，但是在此處的意思是「憶持」、「守意」、「念住」、「用心看住」。威亞薩甚至說「念住即是禪定」。

當年我在美國大學教書時遇見了上師斯瓦米拉瑪，我自以爲學問很好，對《瑜伽經》更是滾瓜爛熟，我問他：「斯瓦米吉，《瑜伽經》哪裡有提到這種呼吸覺知？」他就提醒我，是在《瑜伽經》第一篇的第三十四節經句：

或者，由於繫念於緩緩的出息與氣，（能得心止）。

（pracchardana vidharanabhyam va pranasya）

這節經句是說如何使我們的心變得愉悅且能穩固得止，那就是要非——常——緩——慢——地呼氣（pracchardana），要特別專注地去做，專注於那呼吸的流動。你們有的人對體位瑜伽下過功夫，可以做到高難度的姿勢，但是下一步在哪裡？對於那個驅動身體的能量，你有多少認識？

意守呼吸的四個要點

《瑜伽經》第一篇的第三十四節經句教導我們要非常緩慢地呼氣，把心定在那個呼氣的過程上。我們教禪定瑜伽就是從「念住」開始，把心念繫在呼吸上，這就是「觀呼吸」（梵 anapanasmriti；巴 anapanasati）、「意守呼吸」❸。意守呼吸的要點是：控制純熟、不摻雜妄念、不斷地重複、不使勁。要讓呼吸沒有任何障礙，要平滑流動，絲毫沒有不勻稱。你要記住，這不只是呼吸，也是練任何瑜伽的要點。我說把心念放在呼吸上，每個人都以為我是在說「內觀」（viapassana）

❷《瑜伽經》的此節是說，得三摩地有多生累劫修行因此生而得之，其他人則需要培養五種方便為前行。此五種方便是信心、精進、念住、禪定、智慧，與佛法「三十七道品」中的「五力」相同。

❸本段是說明心能得止的方法之一，是要繫念於緩慢的呼氣。

的修法，其實我講「把心念放在呼吸上」，這個法門是《瑜伽經》的作者帕坦伽利以及喜馬拉雅瑜伽的大師們遠在佛陀之前，就已經在教人修練了。

什麼是「均等的呼吸」（sama svara，或「匀稱的呼吸」）？首先，是呼吸要流暢；第二，呼氣和吸氣的長度要均等；第三，呼氣和吸氣的力道要均等；第四，左鼻孔和右鼻孔氣息的力道要均等。我們大多數時間都不是如此，不是右邊比較通暢，就是左邊比較通暢。瑜伽有一整套關於呼吸的「呼吸學」（svara sastra），涉及呼吸在左、右鼻孔流通的節奏等等現象。我的上師能根據某個人的呼吸狀況來斷定他未來的吉凶，因爲星象運命就反映在他呼吸之中。

能做到這四個「均等」，是喚醒中脈呼吸最重要的步驟之一。初學者要練習呼氣和吸氣保持均等的長度，等到純熟之後，我們再教導做下一步二比一（呼氣的長度爲吸氣的二倍）的呼吸法。不讓初學者去練習，是因爲在尚未能夠掌握均匀呼吸的技巧以前，修練者會在鼻孔、胸腔用勁來控制呼吸的長度。這是錯誤的方式，反而對身體有害。只有在能夠充分掌握了橫膈膜呼吸法的技巧之後，才能不費力地做到二比一呼吸法。中國、韓國、日本的傳統都非常注重腹式呼吸，對學習武術之人尤爲重要。

之所以要拉長呼氣，是因爲呼氣時神經系統會變得平靜下來，它是被動的，而吸氣是主動的。所以，呼氣時才能眞正開始進入禪定。記住，瑜伽的呼吸方式是由呼氣開始，而不是由吸氣開始。

藉由調息進入禪定，駕馭心與物

調息是在擴充生命的動能，呼吸只是那股動能最粗的外表部分，呼吸之所以是進入禪定最便捷可靠的方法，那是因爲它和心念有關。談到心念，我要糾正一個常見的觀點。常人說瑜伽哲學主張心能勝物，說印度哲學主張精神能勝過物質，這都是錯誤的說法。瑜伽的哲學理論基礎是「數論」（Sankhya或Samkhya）❹，數論認爲心是「原物」（prakriti，或譯爲「原質」）❺的產物。所以心終究還是一

---

❹佛教經典有譯音為「僧佉論」。

❺「原物」是宇宙一切心、物的本體。我們通常所謂的心理作用如思想、感情、辨識作用都是「物」，都是由「原物」所變化而生。《大藏經》中的《金七十論》將「prakriti」譯為「性」或「自性」，應該與後期禪宗所說的「自性」不同。

種「物」，不過它算是「物」當中最細微精純的一種能量場，別把它和「神我」（purusha）或「眞我」（atma）混爲一談。因此，從數論瑜伽系統的論點來說，「心能勝物」的說法在哲理上是有矛盾的，要說「靈能勝物」、「靈能勝心」才周延。

心有一個特質——它遇到什麼就會化成什麼。例如你見到我坐在你面前，你其實不是眞的見到我，你「見到的」是你的心從眼睛這個感官接收到的信息所形成的影像的我。你根本見不到我，我也根本見不到你；同樣的，你也不能觸摸到我。光線照在我身上會反射出來，我的衣服會吸收某些波長的光波，反射出來的是光譜中的其他光波。你見到的只是某些波長的光，這就是被「過濾」、「加工處理」之後的產物。我們以爲有粉紅、橘黃、大紅種種顏色的分別，這些根本不是實有的，只不過是眼睛某些部分所接受到的光波，這些傳送到你眼睛的資訊，被轉化成神經的化學和電子脈衝，再送到你腦皮層中的視覺區，然後再經過種種辨識、重組，你才「見到」影像。

學過神經學的人會說，你心中所見到的，是這個經過重新組合過的資訊。因此，你見到的並非本來的我，也不是見到我所穿的衣服和所坐的椅子。你能夠見到的只是感官被餵食的、經過了過濾的光波，又被轉化成化學和電子信號，再餵食給腦皮層特定感官區，然後再與以前的記憶、習氣混合的重組影像。所以，你最後所「見到」的，不會是純粹原本的「那個」，凡是用到感官覺知而來的信息，都是如此。

一間房子裡有幾十個人，忽然走進來一個人，他做了些動作並發出些聲音後離去。你請房中的人一一描述他們的所見所聞，他們所形容的都會有出入，這是因爲每個人以前在腦中、心中存有的記憶和習氣都不同，當這些記憶和習氣與目前新增加進來的經驗混合之後，出來的產物對每個人就當然會不同。瑜伽大師明白這個道理，所以他不會對世事太認眞，也不會受到這些所左右，他是不可能被激怒的。

你有過曾經走到一條清澈平靜的流水旁，一坐下來就不想離去的經驗嗎？流水有何美麗之處？因爲它平靜地流動，心見到它就化成平靜的流體，你的心境就變得平靜，是這股內心的寧靜讓你不想起身離去。但是你總不能一直坐在溪邊，你的家也未必在溪邊，可是此地有一條溪流你隨時都可以坐在它旁邊，即使身在繁忙的交通中，或是站在路口等紅燈時，你都可以擁有它。這條溪流就是你平順、勻稱的呼吸。你把心放在這條溪流上，心就會化成一股平靜的流體。

控制呼吸的目的不是要把呼吸放慢，目的是要讓心慢下來。所以，你得把心帶到這條平靜流動的溪邊，它可隨時聽你差遣，一天二十四小時都如此。

自古以來的大師告訴我們，要到三摩地境界並不需要很長的時間，只需要十二口氣而已。如果在呼吸時，能一直保持專注，毫無別的念頭插進來，一呼一吸之間不要有停頓，只要如此連續十二次專注地呼吸，至少就會有三摩地的影子。問題是，第一口氣之後，自己會想：「啊！那是第一口氣，還剩下十一口氣。」這就分心了，必須得再從頭來過。

很多年前，我跟上師靜坐時，他要我學會用心念來控制左、右鼻孔的呼吸流動，試著不用手指壓按鼻孔也能做到單鼻孔呼吸，還要能隨意轉換。我根本做不到。他說：「為什麼做不到！你現在是哪個鼻孔比較通暢？」我說：「右邊。」他就叫我把心念集中在左鼻孔，過了大約二十秒，左鼻孔就通暢了。他又要我將心念專注於右鼻孔，幾秒鐘後，右鼻孔又變得比較通暢。他說：「你看，不難啊！」我心想自己終於學會了。第二天早上，我自己靜坐，試了又試，無論如何就是無法做到。上師在中午時分到來，劈頭就問我：「有沒有試？有什麼結果？」我答：「有試，試了足足四十五分鐘依然不成。」他說：「你到底是在數時間，還是在數呼吸？坐下！」我依言坐下，幾秒鐘後，居然又成功了！這是什麼道理？你不妨想想看。

調息是擴充生命的能量，讓氣變得充盈。所以，別去練憋氣的功夫，教禪定的瑜伽大師不會要學生憋氣，包括喜馬拉雅傳承在內的所有禪定門派都不會教人憋氣，但是有的哈達瑜伽老師一上來就要學生憋氣。有人自誇可以閉氣五分鐘，以爲這是眞功夫。日本以前有種專門潛水到海底撈珍珠的婦女——海女，她們能閉氣的時間更久。閉氣久並不表示她們是瑜伽大師，你要學會的不是閉氣多久，而是要緩慢地呼吸，讓呼吸深沉而細微。

你們大概都聽過五大元素——地、水、火、風、空，根據「呼吸學」，這五大元素分別代表了呼吸的五種狀態。《瑜伽經》第二篇的第四十九至五十一節經句即是關於「調息」的，在我寫的釋論中便以這三段經寫了三篇頗長的附論，是從實證的立場來看經文的道理，你可以去找來耐心地詳讀。

本文的主題是「調息」，不是「調呼吸」。「息」是氣、能量，不是外氣的呼吸。「呼吸」是屬於食物身層的作用，這個身層是由吃進去的食物所變成，也就是你以爲是「自己」的這個身體。你誤以爲自己就是這個身體，可是事實上你並不是這個身體，而是你擁有一個身體。你擁有身體，它並不等於是你。就如同我有件披肩，我穿著它，我會換掉它，可是披肩不是我。

「調息」則是屬於氣身層的鍛鍊法，調息法練正確時你會感覺到有氣在流動，但那不是外氣呼吸在流動，而是內氣能量在流動的感覺。有人一開始立刻就會有這種感覺，有的人則沒有，端視你對肉身層的執著有多強烈而定，或你對「自己不是這個身體的認知」有多深入而定。你可以決定讓「氣」去到身體的某一個特別的部位，這是用意念來導引「氣」的流動。

瑜伽大修行人的死亡

瑜伽大師可能身患重病，但是他外表看起來仍然健康。他可以堅持不讓肉體死去。我們知道有的大師爲了要讓鍾愛的弟子見他最後一面，可以忍住不死。譬如他的弟子要明天早上才能趕到，而他知道自己還剩下三口氣，整個夜裡就只會用上這三口氣。這就是調息——擴充、延展生命之息。我儘管歲數很大，身體又有很嚴重的問題，可是我一靜下來，呼一口氣至少要用到四十秒鐘，毫不費勁。要記住，眞正的禪定是在呼氣的時候來到。

此外，《瑜伽經》第二篇第四十九至五十一節的經句，也和死亡的學問有關，我們如何才可以做到從容不迫地死亡，對此題目有興趣者可閱讀我寫的另一本書——《禪定與死亡之藝術》（*Meditation and the Art of Dying*）。我也極力推薦你們閱讀我的上師斯瓦米拉瑪的最後一本遺作《神聖之旅》（*The Sacred Journey*），這是他在捨棄肉身圓寂六個月前以口述方式所成之書，而當時我們都不知道這本書所說的，正是他即將進行的神聖之旅。這兩本書談的都是死亡的學問，這是一門古老的學問。西方也有這樣的學問——「死亡藝術」（Ars Moriendi），我曾經在英國的博物館中見到講這門學問的拉丁文斷簡殘章，有句話說：「死亡之藝即是生活之藝。」（ars moriendi ars vivendi est）其中隱含著很深刻的道理。

我曾寫過一本書❻介紹印度歷史傳說中一位勢如雷霆萬鈞的人物——毘濕摩（Bhishma），他是印度最偉大的史詩《摩訶波羅多》（*Mahabharata*）中的主人翁。印度人視為聖經的《薄伽梵歌》是《摩訶波羅多》的其中一篇，一共有七百誦，是克里希那在戰場上所宣說的人生哲理。而《摩訶波羅多》的篇幅長達十萬誦，其中有兩萬誦是出自毘濕摩之口的教誨，所以，他在史詩中所占的份量甚至超過克里希那。

根據史詩，毘濕摩是謫仙下凡，智慧過人，勇不可當。他年老時，因為時局使然要領軍上戰場，他效忠的一方俱若瓦族（Kauravas）是他的孫輩，敵對的一方則是另一群同樣受他鍾愛的孫輩盤達瓦族（Pandavas）。慘烈的戰事進行到了第九天，盤達瓦族嚴重受挫，他們明白如果不能將敬愛的叔公毘濕摩射倒，就根本贏不了對方。在那個時代，夜晚是休兵的時刻，雙方都會放下武器，乃至可以自由出入對方的陣營。所以，盤達瓦族的幾個孫輩就在晚上去到毘濕摩的營帳。

毘濕摩一一親切地招呼他們，詢問他們的來意。他們說：「阿公，我們特地來請問，您守身清淨，因而刀槍不入，我們要如何才能除掉您？」毘濕摩就把祕訣教給他們，於是第二天毘濕摩在戰場上被射倒，無法繼續領軍，盤達瓦族乘勢獲得大勝。毘濕摩雖然渾身上下插滿了箭，以至於倒下時身體都無法著地，有如睡在一張箭床上。可是他尚未斷氣，又在這箭床上撐了足足五十八天才捨身而去，因爲他決定忍死在這段日子中，給世人留下珍貴的臨終教誨。下面是對該情景的描寫，告訴我們瑜伽大修行人、瑜伽戰士如何離世。

> 毘濕摩躺在那裡已經整整五十八個晝夜，此時依舊言辭犀利、聲如雷鳴，對來訪的眾人說：「躺在這裡五十八夜了，現在時候已到，我很快就要走了。」他對盲眼國王❼說：「你不應該爲你在戰事中死去的兒

---

❻《*Bhima - Beyond the Death*》（原名《*Introducing Bhishma of Mahabharata*》），此書已有中譯本，書名為《讓心中的狂躁消退》。二〇二二年由親哲文化出版社出版。

❼盲眼國王是毘濕摩的侄子，為俱若瓦族國王，他一百個兒子在戰事中全數陣亡。

子們悲傷，他們不顧我們大家的勸告，走上了錯誤的途徑。余递師提若（Yudhisthira）❽和他的弟弟們同樣是你的孩子，你要愛他們如同己出，規勸他們、指導他們。」

毘濕摩又轉向克里希那，對他做了一段讚頌之後說：「請允許我離棄這個肉身，如同我一再所說：『凡是克里希那之所在，即是法之所在；凡是法之所在，即是勝利之所在。』請務必允許我，我現在想離開這個肉身。願您允許我成就最高的境地。」

克里希那說：「是的，如你所請，願你回復天界的地位。你已清償一切債務，此地沒有什麼可以再留住你。你乃大光明，死亡也要聽候你的差遣，有如恭敬的奴僕。」

此時恆河母親之子❾，像是一位將要辭行的客人，對著子侄盲眼國王以及一眾孫輩說：「你們要盡一切力量遵循眞理之道，要安住於眞理之中。唯有眞理才是至上的力量。我已經規勸你們要仁慈、和善，要時時知曉自制，我話到此爲止。現在請容許我，我該把自己的氣力放了。」

得到了眾人首肯，他陷入靜默之中。他用了些許時間專注於自身所有的竅位……

毘濕摩專注於這些竅位以導引他的氣能量往上行，根據後人的解說，氣往上行是由海底輪到生殖輪，由生殖輪依次到臍輪、心輪、喉輪、眉心輪，將心念和氣合而爲一，去到最高的中心——頂輪（脈輪的頂點），就守在那裡。

一旁的仙人、聖人、智者都目睹了這個奇蹟，當這位偉大心靈之人的氣由下向上行，漸次拋離低層的身體之際，所到之處，原本插在他身上的箭矢紛紛脫落，直到一根不剩，整個身子恢復完整，毫無傷痕。

---

❽余遞師提若（Yudhisthira）是盤達瓦族王子中的長男，領軍和俱若瓦族作戰，為盲眼國王的侄子。

❾毘濕摩的生母乃恆河女神，所以他被稱為「恆河母親之子」。

然後，待他的心念和氣都集中到那最中心的一點，就穿透了頭顱，飛升上天界。在此際，眾人聽見了天神在奏樂，朵朵鮮花由空中飄落，他的頭顱頂上射出一道光芒直達天際，隨即有若流星般一閃即逝。

這就是毘濕摩臨終的景象，是最究竟的調息境界，喜馬拉雅瑜伽傳承的大師也教導我們該如此離開人世。未學會這個，就是尚未學會瑜伽。

修練調息法的注意事項

最後，我簡單談幾個在練習調息法時應注意的要點。大家應該都會的調息法有風箱式（bhastrika）、吸腹式（kapalabhati，頭顱發光式）、喉聲式（ujjayi，烏嘉亦式），這些方法瑜伽老師都會教導。其中喉聲式適合於任何人，而會心悸的人對風箱式和吸腹式要注意。

風箱式是比較激烈的調息法，很多人做起來會將力點放在鼻腔或將壓力加於肺部，這些都是錯誤的方法，你的力點應該要放在肚臍部位，這個呼吸法的目的是在喚醒臍輪。練習風箱式和吸腹式呼吸法都一定要放鬆肩膀、脖子，上身要挺直，不可低頭，全身只有腹部在動。我看見有的人在練習時，好像全身都在出力，吸氣時肩膀往上聳起，呼氣時則落下，如此練習就太過激烈了。

吸腹式呼吸法的力點也要放在肚臍上，是腹部出力，別動到胃部，練習時眉心會有感覺。總之，如果身體尚未放鬆，就別去做這些呼吸法，否則氣有可能淤塞，更千萬別使勁地去練習，感到不適就應立即停止。最後：

- 請放鬆你的額頭。
- 體會呼吸在你鼻孔中流動的觸感。保持呼吸輕柔、緩慢、平順。
- 你的心有如絲一般地柔軟、順滑。心中想著你最崇敬之神的名號。
- 繼續保持均勻的呼吸，呼吸之間沒有停頓。
- 觀察你的呼吸、心念、神的名號三者如何聚合成一股單一的流體。
- 保持整個心是一股單一的流體。
- 保持這樣的呼吸，保持心是單一的流體，保持如此的觀察。
- 保持這個狀態，慢慢睜開雙眼。睜開眼睛後，繼續保持這個狀態。

這是個簡短的靜坐方法，建議你此時在心中默默發願，在每天的活動中間找二、三分鐘的空檔機會，去練習這個簡短的靜坐，次數越多越好。只要你不斷地把心帶入這樣平靜的狀態，它就會成爲你心的習慣狀態。

願神祝福你。

9 瑜伽中所說的「三身」

三身與五身

所謂的三身（粗身、精身、因緣身）和五身層（食物身層、氣身層、意身層、識身層、樂身層）是兩種並行不悖的體系。

我們粗身的肉體身所對應的身層，是五身層中的第一身層（食物身層）和第二身層（氣身層）的一半；精身所對應的身層則是從氣身層的一半開始，到意身層和識身層；因緣身則是和樂身層對應。❶

❶斯瓦米韋達另外在其他地方對「三身」與「五身層」有做過完整詳細的講座，留存有錄音檔案，講題分別是：「Nature of Personality」和「Understanding Human Personality」，可在 www.cdbaby.com 網址下載。

「三身」釋義

粗身——一般人視為身體的肉身

三身中第一個身體是粗身，一般人以爲自己只有一個身體，就是這粗身，乃至於認爲這個身體就是我們。無論你讀過多少哲學論著，一站到鏡子前面，就會想我是胖或瘦，是高或矮，我美麗或不美麗。你只認這個身體，不是嗎？甚至都還沒認到皮膚下面的肉身部分。

精身——由細微的物質精髓所構成之身

三身中的第二個身體是精身。粗身是我們在受胎之際開始就擁有的身體，然後我們就背負著它，它出生、成長、衰老、得病，最後到死亡之際，我們就抛下粗身，塵歸塵、土歸土。而這精身是在你肉身死亡之後，仍然會伴隨你繼續存在的「身體」，它會像蠶繭般包住你，直到你到達最終的心靈解脫，才能擺脫它。之所以稱它爲「精身」，是因爲它由細微的物質精髓所構成。這細微的物質精髓不是你可以聞到、嘗到、見到、摸到、聽到的東西，根據有一種說法它是由下列

十七項物質所構成：❷

一、五種「知根」（janendrya）：指鼻、舌、眼、身、耳這五個知覺根，也就是能起嗅覺、味覺、視覺、觸覺、聽覺的五種作用，而非具體的感官。

二、五種「作根」（karmendrya）：指手、足、口、生殖、大小便等五個造業的根，也就是能執行攫取、移動、言語、男女、排泄等五類作用的根。

三、五種「氣」：指五種能量，依次爲：呼吸氣、下行氣、上行氣、周身氣、平行氣。

四、意（manas）：心活動的功能，是心朝外的面向。

五、菩提（buddhi，意譯爲「覺」）：心的明辨功能，是心朝內的面向。

---

❷構成精身的「成分」，以不同的角度去看，就有不同的說法，例如有不算五作根、五氣，而代之以五「大」（mahabhutas）——地、水、火、風、空等五種物質狀態；五「唯」（tanmatras）——香、味、色、觸、聲等五種感官知覺。

哈達瑜伽是讓我們由粗身進入精身的門徑，假如你不是爲了進入精身而練習哈達瑜伽，假如你所練習的不能爲你打開進入精身的大門，那就不是在修練哈達瑜伽。能正確地利用哈達瑜伽來進入精身，你就能如實地了解自己整個身心人格是如何構成的，這不僅僅只是那些內臟系統、神經系統、內分泌系統等等。精身即是肉身能量的來源，是肉身所以能活動的原因。

你的夢境是在精身中發生，還有你所造的一切業（業行）也都「貯存」在精身中，業行會在精身中留下印記，稱爲「心印」（samskara）❸。它會形成人格特殊的習氣，且會不斷地累積，變得更加強韌，直到有朝一日遇到某個心印，它就會成熟，於是產生業果。這心印業力是如何由這一生帶到下一生，在我的《禪定與死亡之藝術》那本書中有詳盡的介紹，有興趣的讀者請自行參閱。

根據《瑜伽經》的觀點，做下某一個業行並非會立即產生一個對應的果報，只有非常重大的殘忍惡行或非常高尚的善行，才會有立即對應的果報產生，否則一般的業行是先經過積聚，才會有總的果報。除了你的行爲、言語、念頭是業行之外，你現在讀到的、聽到的、感受到的也都是業行，都會留下心印。你對外界所產生的反應，無論是喜歡或不喜歡，也都是業行。所以，此刻你正在積聚某種心印，又不斷再加入新的心印，就是正在改寫你的人格。乃至你身體中某一個細胞死亡了都是「業」，都會留下心印。這些都發生在精身之中，而你不得不承受。印度神話中說閻羅王有一個書記，他鉅細靡遺地記錄下每個人一生的所作所爲，不論是深藏於內心最祕密的想法，還是連自己都已經遺忘的念頭，一概都會留下紀錄。在人死後，閻王就根據書記的紀錄決定該如何獎懲此人。

因緣身——宇宙的覺心

因緣身是非常玄妙的，假如你不懂得「數論」哲學中的種種分類❹，就會很難掌握它。數論哲學說，第一個從「原物」所衍生出來的稱爲「大」（mahat），是混

❸心印（samskara）是指自己過去一切見聞、行為在心識中留下形成的印象，一經觸動就會成為心念、言語、行動，而這些又再成為新的「心印」或強化舊有的「心印」。每個人會有不同的性格、習氣，都是由此而來。

❹有所謂二十五「諦」（tattvas），可分為兩類：㈠「神我」（purusha）自為一諦；㈡由「原物」以及其所衍生出來的二十四諦；合為二十五諦。

沌未分之物，它是宇宙的「菩提」覺心，是五身層中最內的一層樂身層，也是三身中的因緣身。

精身與粗身的關係

上一世的精身決定下一世的粗身

當你我捨棄這一世的肉體粗身時，我們的精身不會消失。上一世命終時的精身，會決定下一世的粗身。我總是提醒學生：「要爲你的將來打算。」下一世你希望有個怎樣的身體，希望誕生在怎樣的家庭中，希望經歷怎樣的人生，有什麼痛苦、快樂或智慧，趁現在還有時間便要開始打算、計畫。你在自己的精身留下怎樣的心印，這些心印就會被精身這個「載具」帶到下一世的身體，承受所產生的種種果報，這就是「業」的原理。至於已徹底解脫的人就沒有精身，也不再需要它了。

有人提問：「靜坐時身體會不由自主地動，這是否是受到精身的影響？」這可能有很多原因，不能一概而論。簡單地說，靜坐時身體會動，這可能是你過於疲累，那就應該先稍作休息。第二，可能是你哈達瑜伽練習不足，身體尚未做好準備。第三，可能是你的姿勢錯誤，那就要學習正確的坐姿，訓練身體能夠久坐。第四，可能是因為你不夠放鬆，那就該學習深度的放鬆法。

眞正靜坐時，身體可能出現的現象大致有三種。第一種現象是發熱出汗或發冷打顫，這兩者是一體的二面。第二種現象是身體發生震動或擺動，這又分兩種情形，一種是外表實際在動，旁人都可以見到；另一種是旁人並未發覺你的身體在動，可是你心裡覺得身體在動。第三種現象是身體完全靜止。若是前兩種情形，你可以試著忍一會兒，看看那種身體的震動或擺動是否會停止，先不要驚慌。如果不會停止，那就起身，別再繼續靜坐。你可以多多訓練自己的身體，淨化身體和心境，坐姿就會更加穩定。練習瑜伽第一件要講究的事就是脊柱是否挺直，否則就會坐不住。情緒也會影響到背脊，有的人不論打坐與否，坐下來總是要找個地方倚靠，除了生理原因之外，也有可能是情緒不穩定的緣故。

做放鬆大休息時，你讓身體有系統地一路放鬆，有人在此時會覺得身體好像消失了，這就是從肉身的食物身層進入了氣身層。有些功夫夠深的人，往往可以不必經過逐步放鬆的過程而直接跳入氣身層。但是你要有自知之明，別高估自己的本事。靜坐的功夫到何種程度，外人是很難分辨的，因爲它完全依你的內在能靜止到何種程度而定，而不是看你是否有所謂的「離體」經驗或靈驗的預感，更不是看你身體是否有震動、搖晃。有的人能讀心，這是侵犯他人隱私的行爲，根本是一種罪行。靜坐的功夫也不是在於你能看見什麼奇景，或神、佛爲你顯靈，或你能和天使對話之類的事。也許別的傳承很看重這種特異功能，或有人喜歡宣傳自己的本事。但我們的傳承對於這類異常現象可是避之唯恐不及，我們只求身體完全地靜止，呼吸緩慢而勻稱地流動，唯有如此，才能使得氣身層變得平順。

瑜伽內有種祕術稱爲「賊術」，教人如何「穿牆」，除此之外還有個「賊咒」。不明就裡的人以爲眞是教賊去穿透房子的牆，甚至有人去到大師跟前低聲要求傳授這個咒語。凡人視身體爲珍寶，瑜伽師卻認爲肉身是一道牆。凡人只在這道牆外徘徊，珍寶卻藏在牆後面。瑜伽修練是要穿過肉身這道牆，進入更細微的層次。這就是那個「賊咒」所要穿的牆，是因爲某些人的心念無法專一，不懂循呼吸之道穿透肉身層，所以才給他這個咒語，讓他將所有孔竅都關閉起來。在瑜伽中，「關閉」就是「打開」、「穿透」，「賊咒」就是要穿透肉身障礙。我說這個只是作爲助談，你們不用費事去學習。

粗身的變化皆由精身所引起

粗身和精身兩者有何關係？我們首先要知道，任何肉體身所起的變化，都是由精身的變化所引起。例如，如果在心識中不是先有抽象的「香」的質性，我們就不可能聞到花香；如果心識中沒有抽象的固體質性，我們就不可能感覺觸摸到固體。若非如此，主體和客體兩者將無法連接。客體雖然已存在，但是主體不會知覺其存在。這種主體和其周遭客體的相對關係，同樣適用於精身和粗身的關係。我們內在那個「本我」的周遭客體是什麼？是我們的心。那麼，精身周遭的客體是什麼？是粗身——手、腳、腿、軀幹和各個內臟器官。粗身周遭的客體是什麼？是房子的牆壁、屋頂、地板等等物件。對象的客體刺激主體的感官，主體就產生反應。例如食物映入眼簾，於是便動手去取食；手碰觸到高溫的鍋子，立即會縮回。同樣的，粗身會刺激到精身，而精身所起的反應也會傳達到粗身。

從業力的觀點來看，肉身疾病的病因除了生理原因之外，更可以追溯到心識層面的原因。這是今天主流醫學，甚至心理學界都尚未開始探索的領域。有個笑話說，如果一般醫生解決不了你的問題，就去找心理醫師，心理醫師解決不了的問題，就去找星象師。當今有很多人對星象、命理非常熱中，因爲他們情緒不穩定，對未來有不安全感，沒有堅定的信仰，對自己的信心不足，所以才去求星星提供指引。

印度的星象學可說是早已發展到極致，也很深入人心，這現象多少也是在展現人的不安全感。但是，印度的星象師總是會從業力的觀點來看星象。例如他們會說，某些事將會降臨在你身上，但是如果你能如此這般地去改變自己的行爲，或去修練某種功法，或去做某些善事，就可以避免。這些不論是具體的行爲或行爲背後的心態，都跟業力有關。這也是在告訴你，你可以改變那些會影響你的事。

有時我會被要求看看對方的氣場是哪種顏色。姑且不論「氣場」這個名詞是否正確，不論東方或西方世界裡眞正了解它是什麼東西的人少之又少。每個人的「氣場」會依情緒的轉變而不同，時時都在變動，這就跟看掌相一樣不可靠。掌相每六個月會一變，或因心態改變也會有所不同。我觀察過自己的掌相，當我做出某個新的重大決定之後，掌紋就會改變。心志薄弱的人很容易受人操弄，星象師說你到某某歲數時有自殺危機，結果到了那個歲數時你眞的去自殺了。請問究竟哪個是「因」、哪個又是「果」？可能那句話才是讓人想到要自殺的原因。心志堅強的人不會受這種預言所左右，也許他所面臨的事態趨勢和星象所預言的很接近，但是他可以運用意志力去改變趨勢的方向。眞正信神的人會說：「是什麼在左右我的人生？是星星嗎？那星星又是受什麼所左右？我不如將我的意志和人生託付給能左右星星的那個。」這正是《瑜伽經》中所謂的「奉獻於神」（ishvara-pranidhana）——一切託付給神，這就是信心，是「尼夜摩」之中的第五項。

哈達瑜伽是通往精身的門徑

我一再地說，哈達瑜伽是讓我們通往精身的門徑。修行的過程就是要逐漸一一體認這個粗身內外的種種層次，修行所求的解脫，是證悟到這些層次都不是眞正的自己。有人問：「當我們的意識進入某個身層時，是否會有什麼跡象可以讓自己知道此時是在哪個層次？」我個人的體驗是，你會有某些不同的感受，但是你並不知道它是什麼，或者你會誤以爲它是什麼。

我們常常會被自己的自尊所誤導，此時就需要有上師來把你的自尊徹底砸碎，至少那是我的上師爲我開導的方式。當年我剛獲得他爲我啓引不久，靜坐時進入某種非常強烈的喜樂境界，從腳趾到頭頂有如通電般感受到強大的能量之流，我自以爲應該是喚醒了昆達里尼能量。有一天，他不等我提問，劈頭就說：「你現在是到了意身層，你所感受到的完全是心念高度集中的結果。」

能量生起時要「收受」它並守戒

很多時候，我們連氣身層的能量都會誤以爲是昆達里尼能量，而那還只是粗身之後的第一層而已，只因爲我們以前未感受過比它更強的能量，所以就自滿地以爲這一定是最高深的層次了。我要再次提醒你，一旦這種能量生起，你要「收受」它，而別「釋放」它。它是要你靜止、守戒。

有些人一聽到守戒，尤其是節欲，就會心生怯意。我自己曾經是個在家人，夫妻生活美滿，也育有四名子女。我可以負責任地說，你可以快樂地當個在家人，同時做到節欲標準的九十五分。這是因爲性欲屬於心理層次，我們平常雖沒有性事，可是大多數時間仍然會縱情於心理的性欲，相對於這種縱情心理性欲的時間，實際性事其實只占了百分之五。所以，不做性事時，你心中就不要有那個念頭，別沉迷於此，那麼，百分之九十五的時間就是在守戒。

保持緘默地履行眞理

現代印度語言中，有個常見的詞彙——「行眞理」（satya-kriya），它意指「起誓」，但這並非此詞的原義。「satya」是指「眞理」、「眞實」；「kriya」是指「履行」、「操練」。當你長時間堅定不移地祕密遵守某個眞理，這個祕密行爲本身就有很大的力量。當你有需要的時候，可以啓動這個力量來實現任何願望。這也是《瑜伽經》中所說：「能嚴格奉行眞理之人，行爲和果報都能依其意願而實現。」（第二篇．第三十六節）

儘管你所堅守的只是某個眞理，但只要你毫不動搖，對這事完全地保持緘默，它就會有它的力量。譬如你領到個人咒語，若你能時時憶持它，且嚴守祕密不對人透露，這個行爲就會產生力量。如果能守得住那個祕密，二十年後，它就是在你需要時可用得上的力量。「緘默」是你最有力的祕器，在此不是指保持靜默，而是指將眞理緊緊地抱在胸前，不顯示於人。豈止如此，還要讓人無從懷疑你在守祕。如果能堅持到這一地步，我敢說它的力量每年會以十倍的速度增長。你可以任意選擇一件值得遵守的事去做，只要是好事就行！自己去實驗，別讓人知道，完全不著痕跡，你看看自己會起什麼改變。

在此，我要講一個發人深省的故事。古時有位國王，他的皇后有非常虔誠的宗教信仰，平日唱誦、讀經不輟。皇后內心最大的憾事是國王只知道處理國事，卻完全忽視自己的心靈，從不參加她的宗教活動。她屢次勸他騰出一點時間來服侍神明，他總是以沒有空閒來推託。

所以，多年來皇后一直對此事感到遺憾。有天深夜，皇后居然聽見國王在睡夢中喃喃念誦神的名號❺。她喜不自勝，第二天一早就急著把這個「好消息」告訴國王。哪知國王驚惶不已，自言自語地說：「天哪！我是怎麼回事？」隨即衝出內宮，跳上一匹快馬就往森林中奔去。原來國王有位祕密上師就住在森林深處，他來到上師的住處，翻身下馬就仆倒在上師跟前，向上師說：「我居然說出來了！怎麼辦？」上師只告訴他：「繼續保持緘默，繼續下去。」

有些人在家裡也有類似的問題，夫妻中一人信仰某種宗教，或喜歡瑜伽，他們不是想要拉著配偶一同參與，就是遭到另一方反對。爲什麼要把這變成問題呢？保持緘默往往就不會造成衝突。

另外一個故事也強調「行眞理」的力量，這故事同樣是發生在某個王國中。國王的哥哥放棄王位去修道，其後成爲一位僧人回到國中，住在與皇宮一河相隔的林中。國王經常去到對岸林中向哥哥問道，聽取他的意見。

有天，懷孕中的皇后對國王說：「你的哥哥是位聖人，我想明天去探視他。」國王欣然同意。到了早上，竟然沒有渡船可載她過河。國王告訴她：「妳就去到河

❺梵文的咒語基本上都是持誦神的名號。

邊，然後用『行眞理』的力量來許願。」皇后說自己並未守過什麼眞理的戒。國王就說：「妳可以用我的戒來許願，而我守的是淫戒，當妳站在河邊就對天立誓說：『我的丈夫七年前拜他哥哥爲師以來，如果眞正祕守淫戒，從未破戒的話，以此戒德之力，願河水暫時斷流，讓我徒步過河。』」皇后簡直不敢相信，因爲她肚子裡懷的孩子可是國王的親骨肉。但是她對自己的丈夫充滿信心，因此同意姑且一試。誰知果如國王所言，河水頓時斷流，她於是走入了對岸的森林。

在林中，她見到了國王的哥哥，並伺候他食用帶來供養的食品。那是印度的習俗，見到僧人或有道的大師一定會奉上供養。大師進食完畢便爲她做了些開示，不過，她對上午在河邊所遇到的奇蹟仍然無法理解，就向大師請示。

大師對她說：「這確有其事，毋庸懷疑。我們的心識大到不可思議，普通人只用到其中無比微小的部分，完全不知道其他部分存在。妳丈夫受過最高深的啓引，所以他日常只用到小部分的心識，行爲舉止與常人無異。可是在那廣大絕對清淨無染的心識部分，他從未破戒。是的，妳懷著他的孩子，這點毫無疑問。雖然在別人眼中那是他心識的全部，其實那僅僅是他心識的一小部分。」

皇后聽了似懂非懂。到了下午該回宮時，她又爲難了，因爲無船可渡河。大師說：「我守禁食的齋戒已經幾十年，妳就用我『行眞理』的戒德來立誓好了。」皇后又再次感到大惑不解，她明明親手伺候大師進食，怎麼說他在守禁食戒呢？可是有過早上的經驗，再加上大師的一番話，她也抱著不妨一試的心理。結果居然又靈驗了。

這個故事告訴我們，我們日常的飲食、談話、思考、行動等等作爲，只運用到那廣大心識的微小部分，有如冰山一角而已。我們以爲心識就只有這麼大，可是一旦進入不同的身心層次，那原本隱藏的部分才會次第地爲我們開啓。所以不要被「節欲」、「梵行」、「守戒」這些概念所束縛，即使你是在家人也可以做到，因爲是要以你內心的境界爲準，不是單憑外在的行爲來決定。

所以，進入了意身層的修行人，驟然被置於廣大的心識層面，如果沒有上師從旁提醒，往往會以爲已經揭露本來，見到眞我。我可以告訴你，那個能量的「場」是如此巨大，因此，很容易受到誤導。

第三部

哈達瑜伽與昆達里尼瑜伽

昆達里尼瑜伽是能量之流的瑜伽。
這能量不是電能、熱能、光能之類的物理能量，
而是「活的」生命能量，就是自性之我——本我。

修練瑜伽最終的目標，
是昆達里尼的完全甦醒。
哈達瑜伽到了最頂尖、最深刻、最精細的地步，
就是在爲昆達里尼瑜伽奠定基礎。

10

哈達瑜伽是進入昆達里尼瑜伽的準備功夫

昆達里尼瑜伽爲能量之流的瑜伽

瑜伽有很多種分類，例如主流的王道瑜伽，在這個主流之內又有咒語瑜伽、昆達里尼瑜伽、音聲瑜伽（Nada Yoga）和哈達瑜伽等等。初學者可能會覺得有些困惑，爲何名目如此之多，而各種瑜伽彼此之間又有何關係？關於這一點，大家要有個基本觀念，那就是這許多類別的瑜伽其實都是一體的，是由不同的角度和層次來切入、演繹，它們彼此之間是毫無矛盾可言的。

昆達里尼瑜伽是非常高階的瑜伽，也是非常精妙的瑜伽，光從外表幾乎看不出來有任何訊息。它完全是無形的，只有極少數的人能夠眞正進入昆達里尼瑜伽，也許每五億人中只有一人而已。

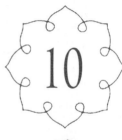

簡單地說，昆達里尼瑜伽是能量之流的瑜伽。這能量不是電能、熱能、光能之類的物理能量，而是「活的」生命能量，就是自性之我——本我。昆達里尼的能量主要是在脊柱中流動，分爲左脈、右脈、中脈三道。左脈和右脈分別連接左鼻孔和右鼻孔，我們可以由某鼻孔通暢與否來得知對應的脈是否通暢。

我們通常說有三條主脈，再分支爲十四條、十二萬五千條、三十七萬五千條、三千五百萬條……組成你的整個身心人格。根據我們的傳承，能夠操控那三千五百萬條能量流的人才可以稱爲「大師」。大師可以隨意進入其中任何一條脈，不單是他自己的，還可以進入他弟子的任何一條脈。

昆達里尼瑜伽主張，我們內在有個呈盤旋捲曲狀的能量，它位於最底端的脈輪（心識中心），基本上處於不活動的睡眠狀態，等待著被喚醒。大多數人的昆達里尼只有非常微小的部分是醒著的，可是就憑著所流出來的那一點能量，已經足夠我們生命的一切活動所需。我們所有的知覺、感覺、記憶、思想和情緒，以及所有的神經、肌肉、骨骼和動作，還有一切文藝、科學創作發明，統統是昆達里尼所發揮的作用。昆達里尼能量通過脊柱，到達腦部，途中流經七個脈輪，再由此輪送到整個身心，成為我們手中的熱力、眼中的光、舌尖的味、口中的言語等等。人類的一切文明、成就和所創造的、所摧毀的，都只是昆達里尼的一丁點火花。這個能量不只是「有」、「存在」、「覺」、「識」、生命、神的光輝，其光明有如一萬個太陽，它是脊柱中的一道閃電。

瑜伽的目的，在於喚醒昆達里尼的能量

修練瑜伽最終的目標，是昆達里尼的完全甦醒。這種能量一旦醒覺，瑜伽修行者的識覺就會是那遍充於一切宇宙世間的生命力，他會知道自己已經接上了這股終極的心識能量，行、住、坐、臥都會浸潤在其中，瑜伽大師所展現的神通都是由此而來。儘管他外在的表現與常人無異，但其內心可是活在一個完全不同的世界。他也不再需要修練體位瑜伽，因為昆達里尼瑜伽毋需動到身體。

哈達瑜伽到了最頂尖、最深刻、最精細的地步，就是在為昆達里尼瑜伽奠定基礎。所以，哈達瑜伽也是在為控制和導引禪定而做準備。簡單地說，如果靜坐時坐不住，我們常常會怪自己的雙腿在作怪。可是我告訴你，一旦你克服腿痛、腿

麻的問題，就會知道眞正的問題才剛開始。你不到那時都不會明白這個肉身有多麻煩，它對於想要深入禪定是個多大的障礙。哈達瑜伽即是在幫助我們「煉」這個身體，把人身改造成更精純的能量身。

「一根針頭上能容幾個天使在跳舞？」（How many angels can dance on a pinhead?）❶五個、五十個或五百個？爲什麼一根針頭上可以容得下這麼多天使？因爲他們的身體不是粗重的物質，他們是能量的生命，能深入禪定的人就會明白這個道理。瑜伽最終的目的，可說是把人完全轉化昇華爲清純聖潔的能量生命。我非常喜歡讀的一本小說是英國作家克拉克（Arthur C. Clarke, 1917-2008）寫的科幻小說《童年末日》（*Childhood's End*），他的筆觸很接近人類自古以來都有過的一種嚮往，就是想把自身化爲能量之生命，如天神（deva）一般，那就可以不再需要這個肉身。

---

❶「一根針頭上能容幾個天使在跳舞？」（How many angels can dance on a pinhead?）本是近代西方人用來調侃中世紀神學家所主張的玄理，但現代有些量子物理學者卻開始認為這並非無稽之談。究其理，有點類似《維摩詰經》所提出的芥子納須彌論。

比起那能量之身所能體驗到的，我們從五種感官所得到的體驗根本微不足道。昆達里尼瑜伽能讓人領略到另一個精妙無比世界的風貌，這種喜樂境地有時會讓人不想再用回肉身的五種感官。可是瑜伽大師終究還是要用到這五種感官，因爲他還有任務未了，他的任務爲何，一般人根本無從窺見。大師縱然使用五種感官，但是他不會受感官所奴役，不像我們要靠這些感官來享樂。

有人去學習哈達瑜伽，爲的是要能把背挺直，這是個很簡單的目的，但是如果修練哈達瑜伽是爲了要能進而深入禪定，那就是另一回事了。昆達里尼瑜伽告訴我們，中脈其實是一股在脊柱中流經七個脈輪的能量之流，如果以河流來比喻中脈，七個脈輪就是它流域中的七個湖泊，因此中脈又被稱爲「sarasvati」（湖泊）。如果背脊未挺直，肋骨圈會下垂，呼吸會不深沉，因此就無法充分刺激昆達里尼的能量之流，能量之流自然就會被削弱。

以前的老式汽車如果無法發動，可以從車外搖轉曲軸柄來強迫發動引擎。練哈達瑜伽就如同是從外面來搖轉曲軸，因爲車內的點火系統無法運作，只好在外頭使勁。可是如果你了解引擎內部的結構和運轉方式，就可以從內來點火發動。所以，昆達里尼瑜伽可說是做內家功夫，而哈達瑜伽則是做外家功夫。這個道理不難明白，但是除非你懂得某些哈達瑜伽的特殊練法，你才能真正有所體驗。

哈達瑜伽的特殊練法

鎖印

哈達瑜伽的功法中有所謂的「鎖」（bandha），主要有四種：

一、根鎖（mulabandha）：把會陰部位往上提緊。

二、舌鎖（khechari）：把舌頭反轉，盡量向上、向後抵住上顎。

三、腹鎖（uddiyana）：把胃部和腹部向內、向上朝胸腔縮緊，前腹凹進去。

四、喉鎖（jalandhara）：將下巴往兩個鎖骨中間空位壓下。

喜馬拉雅瑜伽傳承不會要初學者去練腹鎖和喉鎖，這兩個專屬於調息功法的鎖印要配合閉氣而練，但是在還沒有練好橫膈膜式呼吸之前，閉氣對於初學者是弊大於利，所以我們會避免這兩個鎖印。

舌鎖和根鎖是分別從上、下兩端將能量鎖住不使其外洩，主要是在靜坐時使用。這兩種鎖印任何人都可以練習，但是初學者往往因爲刻意去做，反而造成緊張分心，以至於靜坐時會受到干擾，那就不如不做。你寧可在非靜坐時間，例如在搭乘交通工具時試著練習。

第五個鎖是「結手印」，在靜坐時食指和拇指的二個指尖輕輕相觸，其他三指自然微曲不要僵直，整個手掌都要放鬆，不要出力打直，這稱爲「智印」（jnana mudra 或 chin mudra）。有人比較敏感，連手指接觸的感覺都會讓他分心，那就別刻意去結手印。練習這些鎖印的主要目的都是把能量往內鎖住而不外溢。總之，靜坐功夫深了，時機成熟時，手印、根鎖和舌鎖都會自然形成，不必揠苗助長。

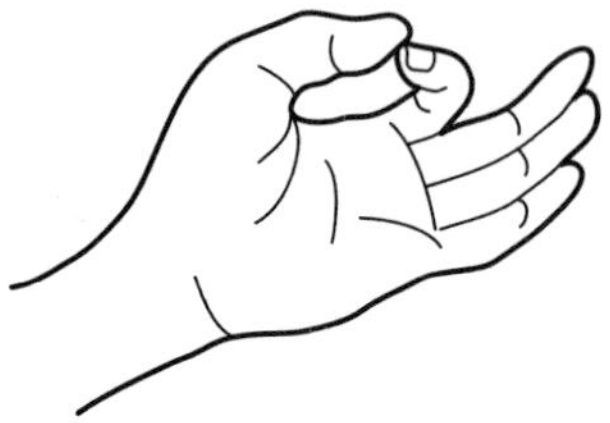

智印

記得一九七一年我在美國明尼蘇達州爲一位女士做咒語啓引，這位女士不知在何處讀到瑜伽大師隨時都保持著根鎖，所以她就刻意著力於根鎖，也未告訴我。有天，我的上師遠從芝加哥來電指名要見這位女士，她立即搭飛機過去。當她一進入上師的房間，上師劈頭就說：「妳先別刻意去做根鎖，這是不對的，妳時候還未到！」這才是大師的本事。

有人問在做舌鎖時，舌頭是否該一直捲向口腔後面，乃至舌尖能伸入鼻腔後沿。假如你做得到的話，那你就已經是大師了。我建議你不要勉強，適度往後捲即可。一般人舌頭後捲的長度有限，因爲會被舌下的舌繫帶構造拉住。有人會過於極端，人爲地將舌繫帶割斷，讓舌頭能不受限制地往後延伸。這是不會有效果的，反而會讓人今後無法進食固體食物。

「khechari」（舌鎖）字義是「天行者」——能飛翔於天上之人。我曾經非常仔細地閱讀《哈達瑜伽燈論》關於舌鎖的部分，其中分兩個層次，起初是跟生理層次的舌頭有關，其後（尤其是第四篇）就完全是心靈層次的修練。書中用的是同一個字眼「khechari」，但前後意義非常不同。

馬印

還有一種鎖印稱爲「馬印」（ashvini mudra），做法是先放鬆全身，保持其他部位放鬆，然後提緊肛門的括約肌……放鬆，重複提緊……放鬆，提緊……再放鬆。提緊時要感覺連周圍的皮肉都被扯緊，這要自己去體會。我希望出家人和西方的神父如果能試試練習這個鎖印，要節制性欲就會變得自然而容易。這是因爲練習馬印能把原本往外、往下的能量導引變成往內、往上流動，讓較低的脈輪能量以及與性有關的心識，昇華到較高的脈輪以及與仁愛、慈悲有關的心識。

把能量提升到較高的脈輪，能讓你做到以前無法輕易做到的事。例如，已打開心脈輪的人更能掌握自己的情緒，而不會變得情緒化，也能掌握周遭之人的情緒。又如，打開喉輪後，就能成爲音樂和歌唱的大師，也能控制自己的飢渴。打開眉心輪後，直覺會更敏銳，更能洞察一切。

摩訶身印

哈達瑜伽裡還有一些其他的功法也是以喚醒昆達里尼爲主要目的，例如「摩訶身印」（mahamudra）就是一個簡單的體位姿勢。坐於平坦之地，一腿伸直平放，另一腿平放彎曲將腳跟縮回抵住會陰部位，用手指勾住伸直一腿的足趾，拉著上半身向前彎曲（詳細的體位請向自己的哈達瑜伽老師求教）。

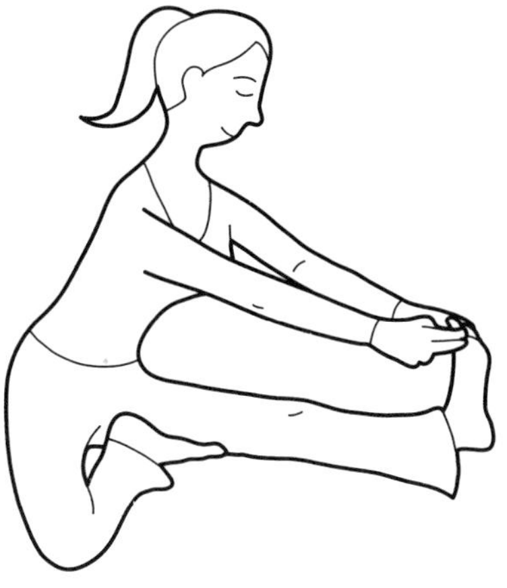

摩訶身印

配合根鎖一起練習，向前拉的動作會對這個部位造成更大的壓力，刺激到昆達里尼所在的生殖輪（swadhishthana chakra）。伴隨著有覺知的呼吸，就能感受到有某種能量集中在該處。可是如果你不懂得如何駕馭這個能量，它便會誤導你。你懂得它是什麼，而且受過眞正大師的指點，就能駕馭它，將它引到身體上面的脈輪。靜坐最佳的時間之一，就是一般人誤以爲的「性欲」旺盛之時，其實那並不是指眞的男女性欲，如果能導引這「似乎是性能量」的能量往上流動，你就能體驗到無比深邃的禪定。

練習脊柱呼吸，以控制心念和呼吸

修練昆達里尼瑜伽從外表看不出有何不同，瑜伽大師坐在你眼前，你也看不出他在做什麼，因爲他的身體完全不動，在動的是內在那股細微的能量流。即使在練習馬印時要提緊、放鬆，但這不只是肌肉的動作而已，很多人就只練肌肉的提緊和放鬆，所以都達不到效果。在練習馬印的「放鬆、提緊，放鬆、提緊」時，注意身體其他部位要保持全然放鬆，我注意到很多人在學習時全身都非常緊張，那就無法得到效果。我們來試試。

脊柱呼吸練習法

- 坐直身體，頭部、頸部、背部要保持挺直。閉上眼睛；心完全放鬆。
- 放鬆你的額頭；放鬆臉部肌肉；放鬆下顎，再放鬆一些；放鬆肩膀，一路放鬆下去，到感覺手指尖都放鬆了；放鬆胸腔；放鬆心窩。

- 放鬆你的胃部、肚臍、腹部；放鬆骨盆和腿部的肌肉。
- 再放鬆你的腿；放鬆骨盆；放鬆脊椎的底部。注意力放在脊椎骨上，一節一節地放鬆。保持正確的姿勢，否則就會做不到。
- 放鬆你的肩胛；放鬆肩膀；放鬆下顎；放鬆臉部和額頭。
- 呼氣，吸氣。感覺呼吸在你的鼻孔中流動，就好像呼吸是由眉心部位開始的。
- 現在，當你吸氣時，感覺好像它沿著脊柱往下走，直到脊柱的底部。當你呼氣時，感覺它好像沿著脊柱往上；接著吸氣，不要停頓，好像它往下去到脊柱的底部。呼氣，當它往上、往外走時，感覺好像有股能量在往上流動。
- 吸氣，沿著脊柱往下，加上你的咒語。呼氣，沿著脊柱往上，心中想著咒語。如果尚未領受過咒語，你可以在呼氣時，心中默念拉長的「ham」（音同「翰」）；吸氣時默念拉長的「so」（音同「搜」），持續隨著呼吸默念「so——ham——」（音同「搜——翰——」）❷。

- 心窩部位保持放鬆；肩膀保持放鬆；下顎和額頭保持放鬆。留心要保持脊椎挺直。吸氣，想著咒語；呼氣，咒語在脊柱中隨著呼氣一起往上。繼續這樣呼吸和觀想……
- 現在，你呼氣往上走時，提住肛門括約肌往上，好像要把脊柱內的能量由下往上面的脈輪推；吸氣，隨著咒語一起往下。再往上走時，用鎖印將能量一直往上推。注意力完全放在這股能量的流動上面。
- 能量往上時，它會由口中流出去。所以，你可以把舌頭向上、向後捲，去抵觸上顎，同時在口腔內產生吸力。
- 放鬆肩膀；放鬆心窩部位。繼續感覺吸氣沿著脊柱往下，呼氣沿著脊柱往上，要同時做根鎖和舌印鎖，感覺好像根鎖將能量推進脊柱。
- 臉部不要緊繃，每一口氣都帶著咒語。保持這樣的覺知，同時慢慢地睜開眼睛。

以上的練習結合了哈達瑜伽（使用到肌肉）、咒語瑜伽（觀心在持咒）、昆達里尼瑜伽（集中注意力於昆達里尼的流動）。❸

至於導引呼吸沿著脊柱上、下的部分，其實分爲兩種方法，一是吸氣時往下，呼氣時往上導引；另一個是呼氣時往下，吸氣時往上導引。這是因爲各有不同的用途而有所不同，可是很多學生會感到困惑。我建議你自己去試試看，端視在這個階段你覺得哪種方式比較自然，就不妨依自己覺得自然的方式去練。這種呼吸法對修練昆達里尼瑜伽的人而言，是剛開始入門首先要練習的，同時也是最後階段要練習的。有人想立即直接進入脈輪，那就有如不循著道路進城，「行不由徑」是行不通的。脊柱就是修練者要依循的道路，你要走在這條路上，功夫到了自然會一一感覺到脈輪的所在。但是，你必須先經過正統傳承的咒語啓引，一定要問

❷梵語「soham」是「sa-aham」的結合字，字義為「我即是他」（I am he），但除了哲學意義之外，還有很多層的心靈密意，即使是它的讀音（音同「搜翰」）都有音聲密意，因此也可當作咒語持誦。

❸請留意斯瓦米韋達此處所帶領的練習只是參考性質，未必適合所有的人立即開始去練習，讀者不妨嘗試看看，先有個初步的概念。如果想繼續深入，應該請有經驗的老師當面加持、教導，以免徒增挫折。

清楚給予啓引之人的師承體系是否爲正宗。正統傳承授予的咒語，如果你虔誠受持的話，經過一定時間後，它會毫不費力地從你心底生起，毋需你刻意地去記憶誦持。如果非經正式傳授給予的咒語，或自己不知從何處聽到、讀到的咒語，就不會有如此的效果。你可以把這當作神話，但這對我而言卻絲毫不是神話，也絕不神祕。

再者，假如你經過啓引，也跟從合適的老師學習這個特殊的呼吸法，當你到達脊柱底端時，絕不可停頓在那裡。如果你停頓在那裡，能量就會外洩。絕對別停頓，就如同我們教導的，在一呼一吸之間也不可停頓，因爲妄念就是在那停頓的時刻竄進來的。所以，上乘的呼吸法，即是和緩且呼吸之間沒有停頓的。《哈達瑜伽燈論》固然有教人做閉氣的功夫，可是當它談到舌鎖時，說的仍是上乘的呼吸法。

我要再講一個跟這個題目有關的老故事。從前有個徒弟跟著上師同住修行，他爲師父打理一切內外事務，而上師則需要觀察弟子言行舉止，才能決定傳法的內容與時間。話說這個徒弟服侍上師多年，一直有意或無意地要求上師傳他一個大法。一天，也許老師決定考驗的時候到了，說要傳給弟子一個咒子，只要一念這個咒就會出現一個巨人，巨人會滿足他所有的願望。但是上師有個條件，那就是縱然學會了咒語，徒弟一時間還不能使用，因爲他還要學會如何去控制巨人才行。徒弟大喜望外，當場立誓若未經過上師同意，自己絕對不會去使用這個咒語。於是上師便將咒語傳給了他。

當晚，徒弟回到自己房中，心想：「這個咒語法力如此強大，巨人又會絕對聽命於我，哪裡還需要有什麼特別的控制法？師父爲何要如此保留呢？我就偷偷試一次，看看是否靈驗，應該沒有什麼大礙吧！」在強烈的好奇心驅使之下，他決定一試。結果眞的有個巨人來到面前，向他頓首作揖，問道：「主人，您有何吩咐？」弟子順口說：「你把柴給劈了。」巨人瞬間就劈好了柴，弟子心想：「這太好用了！」就把原本該他做的活兒全都交給巨人，巨人總是彈指間就做完，然後立即回到弟子面前請示下一件工作。眼看巨人辦好了所有能想到的事，弟子就吩咐巨人：「現在沒什麼事要做，你就歇著。我有事再找你來。」誰知巨人回答說：「我一刻也不能閒下來。因爲只要一閒下來，我就會感到飢餓，然後會把主人吃掉。」

徒弟說：「可是我確實沒有事可以給你做。」巨人說：「我開始覺得餓了。」徒弟嚇得魂飛魄散，奪門而出，跑到上師的屋外大聲呼救。上師一看就明白了，嘆道：「唉！你看，我說過你還不會控制巨人之前不要使用咒語，這下果然出岔子了。」弟子哀求上師救命，並發誓永不再違命，上師才在他耳邊輕聲告訴他控制巨人的辦法。

於是弟子走出門外，以堅定的語氣對巨人說：「巨人聽命！你現在去森林裡找一株最高、最直的樹，把樹砍倒，清除所有的枝葉後，帶著樹幹回來見我。」不消片刻，巨人扛著一根大木柱回來了。徒弟又說：「你把柱子穩穩地豎立在地上，然後在柱子的頂端拴上一條繩纜垂下來。」巨人照辦之後，徒弟說；「從現在開始，你就拉著這條繩纜順著樹幹往上爬，到了頂端就再爬下來。如此來回地上下移動，直到我喊停爲止。」巨人依照指示去做，危機得以解除。

這個故事之中的隱喻，巨人就是你我的心念，它一刻也閒不下來，我們必須讓它有事做。如果我們任由它去，它就會生出種種欲望，最後吞沒我們。柱子有如我們的脊柱，繩纜是呼吸。我們要訓練讓自己的心念和呼吸沿著脊柱上、下，就能爲你帶來很強的能量。但是，在做以前要先做左、右鼻孔交替呼吸，絕對不要在未熟練交替呼吸之前，就貿然去練習脊柱呼吸。再者，如果你尚未經過正統的傳承老師授予個人咒語的話，我們也不建議你練習脊柱呼吸，就把這當作是趣談的知識即可。

區分生理反應與能量生起的不同

我必須要提醒讀者注意一點，練習根鎖、馬印和觀想呼吸在脊柱中流動，有些人（並非所有人）有時在靜坐時會覺得似乎有股性衝動。他們因此感到困惑，本來以爲能轉化性衝動，爲什麼結果卻適得其反？我告訴你，這不是性衝動。如果不了解脈輪就不會明白這個道理，所以我在介紹脈輪時會花很多篇幅特別解釋這個現象。

這些一般在書裡是看不到的，你必須跟從過來人親自學習才能得其門而入，這在喜馬拉雅瑜伽傳承中，是屬於「口傳耳聞」的學問。簡單地說，我們的身體是照著能量場分布的狀態而形成的（參見本書第十二章），你會有性衝動的感覺其實是能量場被激活，身體因而得到的感覺，它並非生理的感覺。因為我們從小所受到的教育都忽視心靈的感覺，所以，我們便習慣將一切感覺都當作是生理反應。修習靜坐之人要漸漸地學會區分兩者，真正的性欲生起和這種能量的生起是不同的。如果是屬於能量生起，你就不必跟著反應，就只要默默地接受能量生起的事實，別將這股能量釋放出去。外面有許多所謂的怛特羅密法或昆達里尼瑜伽，讓人對此產生極大誤解，乃至去濫用這種能量，真是夏蟲語冰，不足為訓。

瑜伽中有兩個詞彙「rajas」和「redas」，它們的定義未見於一般的書本中，也是師徒之間口耳相傳的知識。「rajas」是陰性的種子，「redas」是陽性的種子。印度早期的煉金術士最常使用的材料是水銀和硫磺，用於保持和提升生理機能，兩者要經過非常複雜的提煉過程，在術士指導之下才能服用，是屬於「外在」的煉金術。水銀被認為是希瓦的陽性種子，硫磺則是其配偶帕瓦提（Parvati）的陰性種子。根據瑜伽的「內在」煉金術，每個人內在都同時具有陰性和陽性的種子，這兩種種子於內在之結合，就稱為「王道瑜伽」。

眞正的密法怛特羅完全是內在的功夫，而你在靜坐時感受到任何能量生起，那都不是生理的，是你的身體習慣把某些能量流動歸類於生理反應。因此，你不應理會這種生理反應，更不應受制於它或縱容它。就只管繼續練習，應該讓那種能量往內、往上行，而非往下、往外虛擲濫用。我們一再強調說，修行密法的人自然會節欲守戒，因爲他已打開生殖輪，會將陽性和陰性的種子融合成單一的一股能量，而往上面的脈輪推送。關上往外輸送的門，打開往內輸送的門，這就是心靈的煉金術。能夠如此將能量內斂的人，外表的特徵之一是膚色滑潤，自然會少言語，連眼神都不隨便虛擲，一個念頭也不浪費。

我們修練哈達瑜伽時需要作意、出力，可是一旦昆達里尼被喚醒，它就會自然而然地發生。例如哈達瑜伽的潔淨行法中有種種的內清洗法，可以幫身體排除累積在消化器官中的毒素，常做便有益健康。對於身體內部狀況已經變得非常敏感的修行人，清洗也能避免殘留在體內的食物干擾到自己靜坐。可是在哈達瑜伽的修練法中，例如需要灌注清水以出力排出的清洗法，到了昆達里尼瑜伽，它就會定期自動地發生，有如女性的生理期似的。修行人每個月（或許更頻繁）會出現如腹瀉的情況，強行將體內的廢物排出。從醫學觀點來看，這是昆達里尼的能量刺激到迷走神經系統，而排泄功能是由迷走神經系統所控制的。科學已經證實，如果用電流刺激迷走神經，也會出現類似的狀況。凡人無法不靠外物使得迷走神經系統變得活躍起來，但昆達里尼瑜伽師可以做得到，就是因為他脊柱內中脈裡流動的能量刺激到迷走神經的緣故。

昆達里尼讓人能做到許多「非比尋常」的事。例如，能夠覺知到體內昆達里尼能量之流的人，也會覺知到自己體內的許多其他情況，他會隨時知道自己此刻胃部、肺部、肝臟、腦部以及呼吸流動的狀況。又例如，他能將三小時的睡眠時間壓縮成一小時，乃至在那「睡眠」的一小時中，在似乎是半睡半醒的狀態下以口述的方式寫書。昆達里尼瑜伽師可以將口鼻的呼吸外氣與源自昆達里尼能量的內氣結合，所以他精力過人，能使用「瑜伽睡眠」的修練法，僅需要短暫時間就可以達到一整夜酣睡的效果。

你要明白，自己的身體並不「擁有」一個精身，你就「是」那精妙的精身。你也要明白，是能量的生命在占有這個物質的粗身，是因為能量的生命來到這個無生命的塑像，這個塑像才顯得是個活生生的人。你觸摸這個塑像，摸到的不是生命，因爲生命是純粹的能量，是無形的。昆達里尼瑜伽是讓這個能量生命自己在作用，而不是要把這個身體變得如何如何。哈達瑜伽則是在這個身體上做文章，所有這些鎖印、體位的目的是將身體打好基礎，好讓人證悟到自己那個本來的能量生命。如果你的身體並未完全準備好，當那個蜷曲的昆達里尼能量啓動的時刻來到，身體會無法承受，它反而變成障礙，你的進度就會受到限制而延遲。

11 打通脈輪，提升性能力？

昆達里尼和性能量之間的關係是個非常複雜的題目。有些似是而非的觀念說因為哈達瑜伽的目的是喚醒昆達里尼，喚醒後便可以打通脈輪，尤其是打通生殖輪，便可以提升性功能，所以，修練哈達瑜伽和性有關係。而又有人說要嚴守淫戒，性行為不只是破了淫戒，更是浪費了寶貴的能量。可是，如果一味地靠強制壓抑性欲來守淫戒是沒用的。

所謂的「淫戒」本身就是個大題目，我曾經舉辦過一個專門的工作坊來探討它，也陸續寫過幾篇文章來談論。在此並非要專門討論這個題目，只是簡單地提出一些需要澄清的觀念。

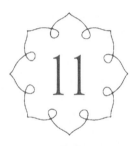

瑜伽非禁欲，而是引導感官注意力

什麼是「守戒」？真正的守戒是指生理感官是健全的，然而自己對感官的對象沒有欲望。守戒不是禁止感官去追逐快感，而是感官不沉溺於追逐快感。因此，守戒是在心上做功夫，而非在身上做功夫。我甚至可以說，射精或高潮不算是眞破戒。由此，你可以知道這個題目有多麼複雜了。

只有受過高深法門的啓引，有過昆達里尼經驗的人，才能跟他談論什麼是眞正的、實質的守戒。對於其他大多數的人而言，我建議他們的性生活在這個階段只要自然、正常，別過度縱欲即可。對於已經有固定性伴侶的人，我建議（不是規定）適當的性行爲以每週一次爲度。最重要的是，在性行爲之際，你要全心全意地去體驗，可是此外的任何時間你就別去想它，那就算是守戒。同樣的，你在進食時，可以盡情享受食物，非進食的時間就別去垂涎食物，這比起斷食三天後回復大吃大喝，更能算是在守戒。眞正的靜默並非話到舌尖強忍著不說出來，而是舌頭毫無言語的欲望。然而，當他眞正開口說話時，所講的字句不會多過絕對必要的程度，所說的話皆對人有益，而且是以令人愉快的字眼和腔調來表達，否則就不算是在守禁語戒。守戒是要守心，而不貪心。

有人會質疑爲何不能放縱感官？感官不是美麗的嗎？沒錯，感官的確是美的，我們也要由感官才能得到美感。正因爲你擁有的鑽石項鍊是美的，所以你只有在重要的場合才佩戴它，而不會戴著它上街買菜，不是嗎？你應該以同樣珍惜的心態來對待自己的感官，好好地保護它們，不可糟蹋。想要靜坐功夫能持續進步的人一定要明白，放縱自己的感官於不受控制的身體動作、不帶意識的目光，以及不受節制的進食、性事、言語、情緒反應等等，都會讓應該向內、向上走的珍貴能量徒然地向外、向下流瀉，這就是爲何守戒關乎靈性的重要理由。感官本身絕對不是罪惡的！這就是西方的禁欲觀念和瑜伽不同之處。瑜伽既要讓感官充分發揮它們的功用，同時又要學會把感官的注意力往內、往上導引。

正確看待打通脈輪的問題

再談到打通脈輪的問題，這也引起很多誤解。在此所謂的「打開脈輪」和一般人所謂的「打開」正好相反，你稱爲「打開」的，我們反而說是「關閉」，而你視爲「關閉」的，我們稱爲「打開」。因爲你以爲的「打開」是能量向外開啓、外流，而在怛特羅密法中，「打開」意指不再向外流，而是向內、向上流。這種修道的語言充滿了矛盾、隱晦，和日常的用語完全不同。

讓性能量轉化，即能自然守戒

有的人以爲如果打通生殖輪，就能提升性能力；其實剛好相反，打開生殖輪後，性能量就不能浪費於往下、往外宣洩，而是要往內、往上導引，讓它轉化提升。所以，打通生殖輪的人會自然而然地去守淫戒。

我們要持的戒是心戒。想要戒掉某種情緒並非要去壓抑它，而是心不爲所動。這要怎麼做呢？你可以用崇高的欲望去取代低下的欲望。壓抑性欲是不健康的，它會以不同的方式在別的情境下冒出來。但是，假如你知道這同一股能量也可以用來提升靜坐的功夫，而你又嚮往深入靜坐，時常這麼想，久而久之就會自然地去選擇靜坐。

又譬如打開喉輪的人會自然成爲靜默之人，而不會喋喋不休。他一旦開口說話，所說的話就會流傳千古。打開心脈輪的人是能控制情緒的大師，而不會讓情緒一發不可收拾，而且會博愛眾生。有人自稱擁有昆達里尼瑜伽功夫，宣稱要愛每個人，因而可以和每個人做愛，這是自相矛盾的說法。如果去和每個人做愛，就是讓能量往外、往下宣洩，如此一來，生殖輪和海底輪都會被堵塞，昆達里尼能量就無法上行，心輪自然無法打通，又如何能真的去愛每一個人？

要爲脈輪除去堵塞是個漫長而漸進的過程，有人或許會有非常戲劇性的經驗，但對絕大多數人而言，應該要抱持的一個觀念是：不能急切，應按部就班地練習。❶

掌握瑜伽的精神，莫執著體位的技巧

很多人在練習瑜伽體位法時非常執著於方法和技巧，往往忽略了瑜伽的精神何在。他們會機械性地堅持某個式子的手臂一定要如此移動，要擺成多少角度。但他們對人生的基本態度，卻絲毫不受瑜伽所影響。還有很多修習瑜伽的人對食物的主張也變成了教條式的堅持，就如在吃藥一般，但他們對進食的基本態度仍然不符合瑜伽的精神，食物之於他，僅僅是在覺得飢餓時塞進口中的東西，而不去問應該何時吃、如何吃、吃多少才是正確的。只顧自己進食，完全不顧別人有沒有吃到，這是自私的行爲，自己有食物吃應該要惜福感恩，更應該要把這福報分享出去。

瑜伽哲理認爲宇宙萬物不出以下三種基本的質性：和（sattva）、動（rajas）、靜（tamas）。放在個人層次來看，「和」的形態就是平定、愉悅、清澄的心念；「動」的形態就是躁動不安；「靜」的形態則是怠惰、沉重、抑鬱。這三種質性存在於宇宙萬物之中，食物和周遭環境都可以分爲這三種形態。修練瑜伽之人要小心選擇食物和環境，因爲吃到或碰到什麼都會在他的精身裡留下印記。我們當然應該盡量選擇吃和諧、聖潔類型的食物，但是如果進食的心態不健康，即使是健康的食物也會變成不健康。

例如，兩位室友合住在一間公寓內，廚房只剩下一顆蘋果，先回來的人就自己吃了，並未覺知到瑜伽主張分享食物的精神。這是什麼樣的進食態度呢？是否可以只吃半個蘋果，讓自己的胃空一半呢？又如你在學院的食堂用餐，你排在前面，

---

❶修練哈達瑜伽的人常以為要做到如專業的體位瑜伽老師所擺出來的姿勢才是正確的，他們看著瑜伽書本裡的圖片，就想做到一模一樣。乃至有的瑜伽老師也堅持要學生非擺到某種程度才是「正確的」。斯瓦米韋達主張要學到的是精神，方法和技巧都不是重點。瑜伽的精神不只是在體位法中實現，還要實踐在生活中，例如進食乃至於淋浴，都要和心靈的意義相連接。

看看後面排隊的人很多，你會只顧自己吃飽而盡量取食，還是會少拿一些讓來遲排在後面的人也有食物可吃？

現代人有很多跟吃有關係的病態。健康應該是全方位的，除了該醫治生理上的病因之外，還應從心理和心靈層面著手，這和我們整個業力都息息相關。例如消化不良的問題，就有可能是因爲自私進食所帶來的業報，因爲自私行爲的業力會讓內心焦慮，而引起潰瘍等等症狀。又如哮喘有可能是因爲往世說了很多謊話，變成業力的焦慮感而表現在呼吸系統的疾病。疾病的產生當然有種種可能的原因，我並不是在說這些疾病完全是由業力所導致。

總之，我寧願你雖然是一位食肉者、卻能時時顧及他人是否有食物可吃，也不希望你變成一位素食主義者、卻有著隱士般的獨居心理，不肯和他人分享食物。在《薄伽梵歌》中，克里希那說，進食若只是求一己的果腹，那麼吃下去的都將是罪惡。

以正確的心態去練習瑜伽體位，也能消滅業力的影響。過往不好的業力固然已經形成，但是我們可以用新的業行來將它們對精身的影響降到最低。然而，這絕對不可以抱著一種贖罪的心理而為之，一定要懷著積極的善念才行。例如，你的消化系統出問題，原因是過去常自私進食的業力所致，所以，你決定從今以後每天吃飯時，都要將食物和鄰居或是在化緣的和尚分享，或者你決定捐款給受饑荒之苦的災民，為的是讓你的消化疾病得以痊癒。如果抱持這種要求回報的心態，那絕對是不會靈驗的。你的動機一定要純正，必須是出於愛、關懷和分享，要無私而不求回報，只有如此，才能改變你的精身。精身的改變，就能為身心做出小小的調整，你身上原本堵塞的氣脈、分泌不正常的腺體，便會因此慢慢打通而恢復正常。

說到進食的問題，還有一種人食古不化，他們老是問「做完哈達瑜伽體位法後即刻淋浴是否正確」這一類的問題。他們希望能有個如醫生處方似的「標準答案」，然後嚴格遵照，但是卻不問：「淋浴代表了什麼？」根據古老的信念，所有的水都是母性之水，進入水中就如進入子宮，就是在宇宙初始的汪洋中浸浴。你淋浴時心態要虔敬，有如耶穌在約旦河中接受洗禮。你淋浴時要懷抱出離心，有如在爲自己洗淨俗世的塵垢。你要存想，淋在身上的水和從聖山流出來的靈泉兩者並無不同。你必須要重拾這種信念。如果不是心存這樣的態度和覺知，無論是練習前或練習後淋浴根本無關宏旨，都只不過是一種洗淨身體的行爲而已，所去除的是污垢和汗水，僅僅滿足了生理需求，而無法得到心靈的、儀軌的滿足。當然也就無法洗滌心靈，以全面改變思想的模式。

問題的癥結在於我們全盤否定了精神層次的東西，把先人留下來的神話視爲無稽之談，我們抹殺了約翰·米爾頓（John Milton）的《失樂園》（*Paradise Lost*），丟棄了但丁（Dante Alighieri）的《神曲》（*Divina Commedia*），我們甚至羞於當眾朗誦詩詞，大規模地坑殺了心靈的文化遺產，以致個人心靈和宇宙心靈被活生生地切割開來。這是現代人心理的基本問題，只見到表面的行爲，無法和行爲背後的精神層面相應，精身和母性之水便無法交流。除非改變心態，否則練習體位法就只是在活動身體，拜日式就只是空虛的肢體動作，我們心念的根源就無法接上宇宙巨大的能量，而這兩者其實本來是一體的。

以「突破太陽門禁」的途徑離開人世

當我要走的時候，我要依照《奧義書》稱之為「突破太陽門禁」（Surya-bhedana）的路徑離去，我還需要在禪定的那一個環節上下功夫。你可能會問：「為什麼要用這種死法？」我會說：「因為沒有別的死法！」

這就有如問囚犯：「你為什麼想要出獄？」「死亡」就是小心翼翼地把自己從這個監獄（指這個身體）給解放出來。但是我可不想翻牆或破窗而出。我要從監獄的大門離去，這個門口是「昆達里尼之力」（kundalini-shakti）賦予我們的。所以，瑜伽士在離開身體時，他走的是「生命能量」的路徑，是由昆達里尼的路徑到達一個明點，然後突破那個明點。

很多年以前，在美國的明尼亞波里市（Minneapolis），我親眼見過我的老師斯瓦米拉瑪導引一位老太太走過人生終點的過程。她是我在美國的一位心靈兄弟斯瓦米尼嘉能達（Swami Nijananda）的母親。斯瓦米尼嘉能達出家前的身分是威塔克博士（Dr. Whitacre），是該市很出名的一位醫生。我的上師要我前去見證她的死亡過程。這位老婦人非常虔誠，修習靜坐多年，而且已經有所成就。當時她睡在床上，斯瓦米拉瑪對我說：「我現在要幫她出去，你把手放在她頭頂囟門兩塊頭骨結合的位置。」我照做了，然後他說：「我現在帶她出去了。」那兩塊頭骨就在我手掌下分開，我能感到……然後，她就永遠地闔上了眼，非常安詳。

我上師給過我很多的遺訓和祝福，他說的其中一個是，當我準備好要走的時候就盤腿坐好，挺直背脊，然後說：「我要離開身體。」就能捨棄肉身。我不知道這是否算是預言、祝福，還是命令，不論是哪一個，我都要實現它。

12

「哈達－昆達里尼」的十一條圭旨

瑜伽中有些是屬於「不傳之祕」（rahasya），只有瑜伽大師才能通曉，而且他們會嚴格要求守密，對不堪造就或程度不夠的弟子絕對不傳。外人對此當然不服，認為眞理就應該公諸於世。但是他們並不明白，對於見地淺薄、本事不足的人，祕密說白了還會是個祕密，一定要等到他們功夫到家，能夠實際驗證的那一天來到，祕密才會解開。此外，如果準備功夫還不到家，貿然地去修練只會徒然造成傷害。

哈達瑜伽中較為幽玄的部分以及相關的一些調身法門，就是屬於「不傳之祕」。把哈達瑜伽當作一種健身運動，是個極大的曲解。體位法的式子只是在幫助修行人打好初步的基礎，為更高深的經驗做準備。這就是哈達瑜伽的目的，把粗身清潔乾淨並調整妥當，好用來做為打開精身的工具。

爲了進一步闡明哈達瑜伽與昆達里尼的關係，我曾經以梵文寫了一篇〈「哈達—昆達里尼」圭旨〉（Hatha-Kundalini Sutram），僅有十一條，是由粗身進入精身的門徑。

十一條圭旨

第一條　人是個密布能量之流所形成的「場」。

第二條　粗糙的外體形狀是依照微妙流體的分布而有。

第三條　任何粗身的改變，均是精身以及能量流的改變所顯現。

第四條　然而，精身以及能量流的改變，不盡然顯現於粗身。

第五條　調身可以啓動精身及能量流的狀態，鈍根之人尤其需要練就調身。

第六條　調整精身及能量流，就可以改變粗身。

第七條　前者（調整精身）爲主、後者（調整粗身）爲輔，是準備功夫。

第八條　若輔助的準備功夫不足，會耽誤主要功夫的進展。

第九條　因此，主要的會驅使輔助的。

第十條　預先做好輔助的準備功夫，以防止耽誤。

第十一條　如此，則可進入精身。

各條大義

第一條　人是個密布能量之流所形成的「場」。

要完全了解哈達瑜伽幽玄的旨意，就先要理解昆達里尼的基本前提，也就是第一條的內容：「人是個密布能量之流所形成的『場』。」我們可用個比喻來說明。以一張紙蓋住一塊磁鐵，然後在紙面上撒下一些鐵粉屑，你就會觀察到紙面上的鐵粉屑所分布的形狀是依照磁鐵的磁力線而成。只有不明就裡的人，才會說磁力是沿著鐵粉屑的分布而流動。正確的說法是，決定鐵粉屑形態的是磁力的分布形態。同樣的，粗糙的、具體而有形的東西，都並非自己形成的，而是細微無形的流體藉著粗糙的物體來顯形。

第二條　粗糙的外體形狀是依照微妙流體的分布而有。

以上的道理不僅使用於宇宙物質，也使用於人。所以，依昆達里尼瑜伽的主張，人基本上不是個物質體，而是個能量流形成的網絡形態，人的身體是依照這個網絡的形態結構而成，就如鐵粉屑是依照磁力線而分布。這是第二條的內容。

我們要明白，人身不僅是依能量流分布的狀態而成形，人身的種種作用和動作也都是由這些能量流所啓動的。例如，根據印度「阿育吠陀」醫學的理論，人身有一百零七個「死穴」（marmas），這個詞彙跟「死亡」（mrityu）有關。其中有三個是主要的死穴，分別位於腹部、心窩、頭部，其餘的一百零四個是次要的。這些死穴如果受到撞擊傷害，就會造成器官功能嚴重損傷或形成痼疾，甚至導致立即死亡。問題是爲何這些穴位受到傷害後，會引起如此嚴重的後果？「阿育吠陀」並未解釋。但是有實證禪定經驗的瑜伽大師就會知道其中的道理，因爲他明白昆達里尼能量在身體內流動的情形，如果能量流有阻塞，就會產生病變。

我們說昆達里尼在身體內流動只不過是一種方便的說法，實際上它是無所謂內、外、上、下的，因此脈輪其實也無所謂分別哪個在上面或在下面，所有的這些都集中於一個「點」（梵 bindu；英 point）。這個「點」是心的一滴，是無形且無方所的。外面有些人卻說這個「點」是具體的，是男性的精液，這是毫無根據的說法，只表示他們並未實證到眞正的昆達里尼，又從男性本位主義的觀點來解釋。《哈達瑜伽燈論》在最後說到，心要能把持住這個「點」不放，而那些人卻偏認爲此修法怪誕不經。

梵語「bindu」一詞是由動詞字根「bhind」演變而來，意指「突破」，亦即將所有的力量集中於單一點，然後穿透那個「點」，才能進到下一個層次。如果能量是分散的、外溢的，你就不可能穿透到下一個層次。所以，你要集中粗身所有的能量在某個「點」，才能穿透它而到達「氣」的層次，然後要集中所有的「氣」於某個「點」，才能穿透它到達「心」的層次等等。它是要以你目前所處層次的能量高度集中於一點，有如激光雷射般射穿它。這才是「定於一點」的內證密意所在，而不是說凝視牆上的一個點就是「定於一點」。

第三條　任何粗身的改變，均是精身以及能量流的改變所顯現。

第四條　精身以及能量流的改變，不盡然顯現於粗身。

第三條和第四條的內容表示，粗身所發生的任何變化，都是因爲精身以及能量流網絡發生了變化所引起的；可是後者的變化只有一部分會顯現於前者。我們再舉一例來說明這個道理。每個人身上都有一個看來毫不起眼的器官——肚臍，它似乎在出生之際剪斷臍帶後，就毫無用處了。我們通常都以近乎可笑的字眼來形容它，例如「肚臍眼」（英語人士說它是肚子上的鈕釦），可是英文的「navel」（肚臍）是和「nave」（車輪中心，輪轂）有關，指的是「樞紐」、「輪」、「脈輪」。爲何如此說呢？因爲它是太陽神經叢露在外表可見的標記。梵文「nabhi」（臍輪）的字根是「nah」，意指「綁住」、「拴住之處」。它不只是臍帶的源頭，更有七萬二千條（更有說三十五萬條）能量之流由此發源，流向全身形成脈絡網，進而構成人形。難怪這裡是新生兒和母親的脈絡網連接之處，希望有一天科學界能發現，連接母體與胎兒的臍帶所輸送的，不僅僅是生理的營養物質而已。臍帶其實是那七萬二千條以肚臍爲樞紐、肉眼不可見的能量之流所顯現（這正符合《圭旨》第三條）；而這個樞紐的所有作用之中，透過有形體的臍帶來提供的只占少數而已（《圭旨》第四條）。

我們的身心現象還有類似的例證，例如佛洛伊德學派主張的幼兒時期的口腔、性器官情結，如果能夠和幾條位於口腔部位、肛門生殖部位的能量脈絡一起研究，就可以有更好的認識。

有些書籍和瑜伽老師在說明脈絡和脈輪時，常常以生理學上的神經和神經叢來相提並論。正如同《圭旨》第三條、第四條所指出的，它們彼此的關係非常密切，但不能畫上等號，脈絡和脈輪的重要性也遠甚於神經叢和神經。脈絡和脈輪是：（一）精身中的能量流、網絡形態及網絡的中心樞紐；（二）與因緣身銜接，接收來自因緣身能量的通道；（三）接收來自天地的能量，即包括「氣」、「心」（chit）、「靈」（jiva）的能量，這一點是最重要的。

第五條　調身可以啟動精身及能量流的狀態，鈍根之人尤其需要練就調身。

根據帕坦伽利的《瑜伽經》，修行人可以分為鈍根、中根、利根三等，他們的利鈍之分是因各人的「心印」而來。細微心識顯現在外的成為粗身，越是執著於外在身體的人，對於內在心性的敏銳程度就越遲鈍。如前所述，在泥地裡跌倒，就要從泥地裡爬起來。所以，鈍根的人就要先從身體練起，否則無法進入精身內。從粗身進入精身的途徑很難尋找，只有極少數幸運之人才能在剛開始修行時即找到。對於鈍根之人，修練哈達瑜伽就絕對是必要的，他慢慢地就能認出那些微細的能量，一旦掌握好火候，就能逐步跨過一道道的關卡。

在這個階段，如果有人為他指導昆達里尼之途，修行人就會開始明白某些哈達的修練法是特別為了要攪動脈絡內的能量而練。他原本以為「hatha」就是根據字典的定義是「強迫身體去動」，現在他忽然明白，「hatha」就是領人由「日」（種子字是「ha」）和「月」（種子字是「tha」）進入昆達里尼的途徑。

例如，胃部蠕動操（nauli）對他就不再只是一種潔淨身體的體操，而是在喚醒太陽神經叢。例如摩訶身印、馬印等種種的鎖印也不只是身體的運動，而是在啓動身體的能量流。鎖印可分二類：

一、有明顯的生理作用：例如喉鎖，初學者會以爲這個鎖印，只是在練閉氣時用來將呼吸鎖在胸腔之內。可是在昆達里尼瑜伽，這個鎖印是用來控制往上流動的能量。

二、起初無明顯的生理作用：例如根鎖和手印，其作用要在能量流被啓動之後，才會變得明顯。

第六條　調整精身及能量流，就可以改變粗身。

上述這類的哈達瑜伽操練，是在爲第六條的境地做準備。若是得到上師的加持，一旦昆達里尼的能量開始往上行，修行人就會脫離鈍根者的行列而變得比較敏利。如果他是在家人，就會成爲中根者；如果他是出家人，就會成爲利根者。無論是哪種情形，由於能專注於一以及昆達里尼往上行的緣故，生理上就會出現一些改變。這些生理的改變有可能是：

- 體溫增加。
- 自然形成根鎖，幾乎是一直保持鎖住狀態，這是由於內氣將一股力從根底中心（mukta-triveni）向松果體中心（yukta-triveni）往上拉的緣故。
- 舌頭自動向後往上顎翻捲，形成舌鎖。
- 手指結成智印（拇指與食指相觸），此手印將能量流封鎖，以至於能感覺到兩指之間有一股吸力。
- 眼睛向內翻轉，有時足趾也會向上曲，這是由 gandhari 脈和 hastijihva 脈❶所引起的。
- 呼吸變得更緩和而深長。
- 在靜坐時，四肢全然放鬆，會覺得手臂和手變得沉重。
- 由於內氣的緣故，脊柱自然挺直。
- 胃部和肚臍部位可能會向內收，成爲自然形成的腹鎖。

●身體的排泄功能變強，起初會使得修行者爲了怕下瀉，而要控制飲食。

第七條　前者（調整精身）為主、後者（調整粗身）為輔，是準備功夫。

以上所描述的只是一部分身體可能會有的變化。對於這些因靜坐而起的身心反應和徵狀，上師常常會告誡弟子：「讓它自己發生，你不要去找它。」等到這些變化發生了，弟子就會明白《圭旨》第七條的道理：「前者（調整精身）爲主、後者（調整粗身）爲輔，是準備功夫。」換句話說，身體上做功夫是爲了輔助瑜伽的一個主要步驟，爲的是喚醒細微的能量。

第八條　若輔助的準備功夫不足，會耽誤主要功夫的進展。

第九條　因此，主要的會驅使輔助的。

對於鈍根的修行人，他們要走的路子大致是從輔助功夫到主要功夫。對於中根和

---

❶這兩條脈的位置有不同說法，一說它們分別是起自左（右）眼，終於左（右）腳大腳趾的兩條脈。

利根之人，就不一定需要在開始時先強行在身體上做功夫，才能於心性上有所進展。尤其是利根之人，他們在前世時，修心已有一定的成就，對身體的執著比較不深，身體會配合那股要往內探索的欲望。但這並不是說，鈍根以外的人就不需要在身體上做準備。如果輔助的準備功夫不足，就會耽誤主要功夫的進展。做好這一步，然後主要的功夫就會驅使輔助的功夫。預先做好輔助的準備功夫，才能防止耽誤。

第十條　預先做好輔助的準備功夫，以防止耽誤。

第十一條　如此，則可進入精身。

如果沒有「靈」，身體就會僵硬且無知覺，身體的任何彈性都是因爲「心」所發出的能量。剛開始時，身體僵硬是一種很大的障礙，到了細微的能量被喚醒時，障礙必須要先掃除。這內在的能量會要身體順從它，如果身體太僵硬不能立即配合，就會無法進步。因此，最好能適當地修練哈達瑜伽來不斷淨化「心印」，逐漸剷除使身體怠惰不動的「陰暗」（tamas）質地。如此，則可以進入精身。以下是一些例子：

● 如果舌頭不能充分伸展，當舌頭開始形成舌鎖時，就無法完全防止「甘露」（深入禪定時，從頭顱中流下的生命靈能）流失。

● 骨骼和肌肉會不聽使喚，而干擾禪定；當內氣往上行要將脊柱撐直時，肌肉因爲無法配合，就會產生抵制。

● 當內氣往上行之際，它會將「下行氣」往上拉，帶動肚臍部位往內縮，成爲自發性的閉氣（sahaja kumbhaka，自發性的寶瓶氣），如果尚未精通腹鎖，或胃腸尚未正確地淨空，這閉氣就會不確實，有可能會耽誤修行人的寶貴時機。心雖然進入了聖潔的靜止境地，然而，胃部和腹部的肌肉仍然停留在「陰暗」的怠惰狀態。

● 以我爲例，我的上師斯瓦米拉瑪有次教我在靜坐時要開始加上齒鎖（danta-murda）❷，將上、下排牙齒以某種方式咬合。我不以爲意，自作聰明地認爲牙齒對禪定根本無關宏旨。結果當內氣沿著脊柱上

---

❷斯瓦米韋達曾強調，除非時機成熟經老師特別指點，一般人靜坐時不必練習齒鎖，否則徒然咬緊牙根，只會讓靜坐更不得力。

行，因爲上、下顎是鬆開的，它就會左右、來回地動，要等到精通齒鎖後才停止。原本是「不傳之祕」的，現在才知道眞有其事。經驗到主要的功夫後，才驅使自己去練習輔助的功夫。如果早練習好這個特殊的鎖印，就可避免延遲內氣的進展。

附　錄

兩條瑜伽之路

練瑜伽等於身體健康？

世人對瑜伽存有許多誤解。瑜伽分為許多門派，不同的瑜伽師所揀擇的路徑會有所分別。此處我們僅談及兩種門徑，希望能有助於澄清某些誤解。

很多人以為凡是瑜伽師就一定身體健康且青春光彩，有時我們甚至會聽到這樣的問題：「假如他眞的是瑜伽師的話，為什麼還要戴眼鏡？」請容我對此做些澄清。

近代史上幾位享譽國際的瑜伽大師，拉瑪克里希那（Ramakrishna）死於癌症、斯瓦米辨喜（Swami Vivekananda）死於糖尿病，據說瑜伽難陀（Yogananda）是因心臟病發作而死。他們雖然沒有健康終老，但是我們絕不懷疑他們在瑜伽上的成就。

哈達瑜伽與禪定瑜伽的選擇

這就是兩條路，有禪定瑜伽之路，也有哈達瑜伽之路。哈達瑜伽能讓人保持青春和健康之光，但是要耗費大量的時光。禪定瑜伽師固然也會做些基本的哈達動作，但目的僅僅是爲了坐禪將身體準備好才練哈達，他們所求的是證悟，是永恆的解脫，所以，寧可把時間盡量用於內在的禪定功夫上。

禪定瑜伽師練哈達瑜伽，不只是目的不同，連道理上也和哈達瑜伽師有許多區別。例如，哈達瑜伽師會教人練「住氣法」（kumbhaka）；而眞正的禪定瑜伽師（包括喜馬拉雅傳承的瑜伽師及某些佛門派別的瑜伽師），教人修練的是去覺知自己的呼吸之流，保持呼吸的柔和、平順，以及某些相關的修練法。相較之下，禪定瑜伽師所注重的修練法是要成就「獨寂住氣」（kevala-kumbhaka），也就是當呼吸變得極度細微，而入於「空大」（akasha-tattva）的境地。這只有靠實證才能明白。只有極少數的人才懂得該如何修練，能精通此術者就更少。

禪定瑜伽師之中（包括智瑜伽師），有的會選擇獨自躲在山洞中修行（當今這種洞穴已經所剩無幾），或是到寺院的獨修斗室內閉關。因爲他們時時專注於默思的修法中，所以徒弟不多。

還有的禪定瑜伽師是自己選擇（或遵從上師的指示）去世間爲世人服務和教學。他們奔波於旅途，要接觸、引領成千上萬的世人，既要挑下弘法事業的擔子，也要興辦慈善機構，所以只能在這些繁重的工作之餘，才有些許時間做自己的功課。這些禪定瑜伽師和智瑜伽師便因爲生活和工作方式，留給自己的時間太少，而往往無法兼顧自己的健康。

因此，任何能省下來的寶貴時間，不論是幾個小時或幾分鐘也罷，他們可以選擇是該用於禪定，或用來爲了不戴眼鏡而去做眼睛操！

安住於內在的心靈世界

如此說來，是否表示靜坐禪定對身體毫無好處？這種看法也是錯誤的。

首先，這些禪定瑜伽師安住於內在心靈的世界，他們從中獲得源源不絕的內在知識，能繼續和世人分享。

其次，這類瑜伽師能不讓身體的狀況變成心理的狀況，因為有這種心靈的修練力量，他們在貢獻服務時，即使遇到身體瀕臨崩潰的時刻，終究還是能撐過去。既然已經為了上師傳承的使命而勞形忘軀，他們死時的心境必定會是無憾而安詳的。

第三，禪定對身體有極大的益處。修習禪定可以喚醒他們的氣身，就是這股元氣帶給他們內在的力量，讓他們能以超乎常人的能耐來服務貢獻。

容我以自己為例。我自一九四六年開始全力投入於弘法教學，起初是在印度國內奔波，其後擴及全世界。於今（二〇一三年）我已八十歲，六十七年間從無間斷。

幾十年以來，在我身邊幫忙的人難以理解的是，他們每次見到我的身體瀕臨崩潰，就會苦勸我取消行程，推掉預定的講演和會面。而我只需要做某些特殊的微妙功法，只消約莫半小時的深度禪定，就又能如常完成預定的講課和會面。這個特殊功法就非哈達瑜伽師所能知曉。

你聽過有人能在六條心臟動脈完全阻塞的情況之下，連續幾年仍然能夠年年至少做一次環球講學之旅的嗎？那就是我的情形，靠的正是禪定瑜伽。

所以說，禪定瑜伽之道對於養生並不是完全無益！

修練問答錄

——斯瓦米韋達學生阿修託許．夏爾瑪談哈達瑜伽

採訪者／台灣喜馬拉雅瑜伽靜心協會理事長陳廷宇

阿修託許．夏爾瑪（Ashutosh Sharma），大家很親切地稱呼他「阿修」，是喜馬拉雅瑜伽傳承中一位資深的老師。在印度長大，早年即拜斯瓦米拉瑪爲師，大師指定他依止在斯瓦米韋達門下學習多年後，又奉師命巡迴世界各地教學。阿修目前定居德國，以教導哈達瑜伽爲主，極受學生愛戴。

初練瑜伽者常見的疑問

【問】你最常遇到學生提出的疑問是什麼？

【答】很多學生並不太清楚爲什麼要學習瑜伽、修練瑜伽。每個人的認識都不盡

相同，有的人認爲是爲了健康，有的則是爲了練身或瘦身。

有的人會說：「我聽過是爲了靜坐先來準備好身體，但是又不明白爲什麼要這樣？」他們覺得自己如此努力練習，提高心肺功能，就會變得更健康、強健，所以練得也很開心，但這似乎對靜坐並無幫助，因爲一坐下來心就無法安定。

有些人會質疑，爲什麼要練習拜日式，它的運動效果還不如跑步。他們尙未認識到，瑜伽體位法不是那種心肺功能的運動，它比運動深刻多了。它是遠古的瑜伽大師所領略到如何啓動自身能量的一種方法，包括種種的呼吸方式、鎖印，讓我們的身心都可以保持穩定，頭腦清醒，爲靜坐做好準備，這都是一般運動所缺少的。它並非有氧體操、瘦身運動，也不是柔軟操或某種古怪的印度體操。

學生們還會有各種奇怪的想法，例如以爲來這裡可以學到一些特殊的呼吸技巧，或是能奇蹟式地治癒疾病，或是讓他們產生某種奇妙的境界，乃至開悟。有的人在書上讀到該如何以橫膈膜呼吸等等，就會來問：「我的呼吸方式正確嗎？」我會反問：「你不是還活著嗎？所以，你的呼吸基本上沒有問題啊！」我只能說你可以學些技巧來改善呼吸方式，但是我絕不會說你呼吸方式是正確的或錯誤的。靜坐時，我們要大家觀察自己的呼吸，他就會想：「我的方式爲什麼會不正確呢？」於是產生緊張、焦慮，開始人爲地糾正自己的呼吸方式，以至於讓自己的呼吸方式變得極不自然。呼氣本來是自然的放鬆狀態，橫膈膜此時會回復放鬆，可是他偏要作意出力吐氣，所以連呼氣都無法放鬆。到了吸氣時，他讀到的方式是「胸部沒有起伏」，所以他又作意抑制胸部的動作。靜坐要我們觀察自己的呼吸，是要我們做個老實的旁觀者，讓呼吸自己去調整，他偏偏要跳下去參與。很多人便抓著這種非黑即白的觀念不放，堅持只有某種方式才正確，如此就不是靜坐，而變成是在做呼吸法了。

我們必須認識到，你不能要求自己立即改掉幾十年的呼吸方式，你之所以是你，便是因爲你是如此呼吸的。我活在這個身體中好幾十年，之所以會有目前的呼吸方式是我人生方式的結果。我人生所累積的恐懼、不安或自在的感受，都會反映在呼吸中；我如何過活、是個什麼樣的人，這些也統統在呼吸中呈現。大家由於不了解這個道理，所以才會以爲可以立即改成書上所說的那種呼吸方式。

當你還是個新生嬰兒時，自然就會使用橫膈膜呼吸，呼吸非常深長。幾十年下來，我們變成胸式呼吸，呼吸也變淺了。為什麼？這是恐懼、不安所造成的結果。因此，呼吸沒有好與壞或正確與否之分。你要放下這幾十年累積的情緒，就需要時間。別去管好壞，而要去分析自己有什麼恐懼和不安，把緊閉的門一扇扇打開，回顧自己所經歷過的創傷。好好地以體位法去調整、放鬆自己的身體，做鱷魚式、大休息式，或做左、右鼻孔交替呼吸法，練習隨時隨地保持放鬆。去做這些改變，你的呼吸方式便會隨著整體身心的改變而改變。你不能直接去改變呼吸的現象，而不改變造成現象後面的原因。

你聽了會想：「我的天哪，這得花多少時間！」沒錯，這是長期改造工程，你想求速效是不可能的。我們常聽人說故事：「很久以前有位睿智的老人……」為什麼不說：「很久以前有位睿智的年輕人……」？因為智慧需要時間。如果我們能活得專注、有覺知，日子久了，就能慢慢地改變。活著就不要趕，你想趕著進墳墓嗎？去練習體位法、深沉放鬆法、交替呼吸法、持咒，都能深化改變的過程，讓你從那些成見框框中解脫出來，憂慮、恐懼和不安就會減少。

【問】有這麼多不同名稱的瑜伽，究竟哪種風格的瑜伽比較好？

【答】哪一種瑜伽較好因人而異，但最基本的原則就是「瑜伽要能實用」，你要能運用在日常生活裡，別把它當成只是在課堂中的體操，也不要只是學了幾個哲學名詞和概念，把瑜伽當作學問知識而已。

我出生於瑞斯凱詩（Rishikesh），那裡有很多著名的瑜伽道院，我常常出入其間參訪，學習到許多瑜伽經論，再加上從小在印度又看過無數遍歌頌史詩人物的電影，我便是在這樣的環境中耳濡目染長大的。在當地，大眾對瑜伽的認知和情感很複雜，一般人見到小孩出家成爲瑜伽師會由衷讚嘆，卻不想讓自己的孩子走這條路。他們希望孩子有個正常人的生活，去讀書學習專業知識，有份好工作，然後成家生兒育女，他們可以含飴弄孫。可是他們在路上見到瑜伽師又一定會俯身行禮，祈求師父的祝福。所以，我一直覺得困惑，爲什麼大家會有兩套標準？

後來，我讀到喜馬拉雅瑜伽傳承斯瓦米拉瑪的書——《大師在喜馬拉雅山》（*Living with the Himalayan Masters*），他說：「宗教總是教人應該去做什麼，瑜伽只是教人自在。」那給我很大的啓示，讓我得回自由，放開一切人爲的限制，別老是去計較這才是對的、那是錯的，這樣才是成功、那樣就是失敗；這些都不是我們的本來。每個社會都有不同的行爲標準，在印度認爲是好事的，到了歐洲卻不見得受到歡迎；有些行爲在德國是正當的，到了印度就正好相反。這都是人爲的、相對的，並無絕對的對錯可言，包括修練瑜伽也是如此。

所以，我帶學生練習體位法，這就是我的起點，我首先要提醒大家的是放下這些先入爲主的種種觀念，別被它們所束縛。矛盾的是，我們並非去學什麼新東西，而是去學習如何把以前學到的東西放下，是要學習「捨學」。我希望學生從一開始就明白，這些觀念帶給我們的束縛，讓我們覺得自己有所缺憾。「捨學」是把自己從這些束縛中解放出來。

要學「捨學」，體位法是個很好的練習機會。爲什麼？瑜伽體位法不是要你去學做什麼，而是要學放下。重點不在「做」，是「捨做」。你忙著做這、做那，想著應該這樣或那樣，那就會失焦了。我要大家少一點「做」，多一點自在。跟自己和平相處，跟配偶、周遭的人與事和平相處。如果內心能平靜，你眼中的一切都會變得平靜。

我要來上課的人都明白這個原則，你不是來學新的技巧，而是學習和自己共處，找回自己的中心原點。不是爲了去取悅別人，一切都只是爲了自己，「你」才是重點，這就是我教學的起點。

【問】修練瑜伽可以治病嗎？

【答】答案是肯定的也是否定的，時下的確有很多的瑜伽被包裝成一種治療的方法。以我自己爲例，我小時候身體孱弱多病，我的父親、母親、叔叔都是印度傳統醫學「阿育吠陀」科班出身，叔叔更是位名醫。我的父母親除了幫我治療之外，更送我去嘗試了所有的治療方法，但都無效。最後，有人建議我去修練瑜伽。我很幸運地找到一位很好的師父，就跟著他修練。一年之後，居然所有的毛病都奇蹟式地消失了，連我父親都大惑不解。我當然更是好奇，我並未針對身體某個部位或某種疾病做任何特別的練習，只是有規律地通盤練習瑜伽而已。這個問題一直無法解答。後來我問斯瓦米韋達，他告訴我：「做哪種體位可以治療某種疾病的說法，不是必然正確的，可是當你均衡地做一組體位，就能夠全方位地調整脈絡，幫助你恢復平衡。」所以，以前因爲失調而引起的病痛才不藥而癒。他這一番話徹底點醒了我。

所以，我才會說答案是肯定的也是否定的，因爲瑜伽的方法是全方位、整體的做出調整。我小時候原本是個害羞內向的人，後來連這個毛病也得到調整。斯瓦米韋達常常要我站在幾百個人前面講話，那是我以前根本做不到的事。我的身體、情緒、心意都因爲瑜伽才變得穩定而堅固，改善是全面性的。個別體位法在某種程度之內能影響某種身體問題，但它只能稍稍改善，而無法讓你痊癒。原因是某種身體問題只是個現象，它是由其他一連串不同部位、不同層次的失調所導致的結果。所以，治療之方唯有均衡地去練習體位，時間久了，它會改善你的每個層次，提升整體的健康，這才是瑜伽能治病的原因。

【問】瑜伽似乎很強調身體的柔軟度，所以很多人會當它是一種柔軟操。

【答】身體柔軟是手段，並非目的。身體反映心念，身體就是心念所顯現出來的具「體」物質。你如果留意周遭的人，會發現思想比較固執的人，或對事情的判斷非黑即白的人，他們的身體動起來往往會比較僵硬；你也可以觀察到他們行、住、坐、臥的相都是比較緊繃的。這是因爲他們的心是緊繃而僵硬的，當然也可以正面來看，他們比其他人更稜角分明。心要能柔軟，身體的姿勢就能柔軟；心能有彈性，身體的彈性也會比較好；情緒能保持平衡，身體也會平衡。這是「由內而外」的顯現，有諸內而形之於外。

因此，如果說修練瑜伽只是爲了讓身體柔軟，這是在捨本求末。我們要增加心靈的彈性和柔軟度，爲的是要讓心能放鬆下來，能放下執著，這樣就少了緊張壓力、對立衝突，所以能看到黑與白之間還有豐富的彩虹光譜。種種的體位姿勢目的是在用身體來練心，是「由外而內」，身體是手段工具，並不是終極目的。一旦體位平衡了，我們的人生姿態也能夠平衡，能多些柔軟、多些包容。

【問】市面有些帶領人修練瑜伽的書籍、光碟，可以買來跟著做嗎？

【答】我建議最好要小心選擇，因爲學起來很容易，要改掉就難了。一旦你心中形成某些觀念就會很難消除，這就是前面所說的「捨學」。既然知道捨學很難，不如在學之前就小心選擇。最好是找到老師指導你，而不要自己隨便挑些書本、光碟跟著學習。包括你對我們傳承的教學材料，也應該是抱著如此的態度。

你應該先做些研究，問問自己信任的人，參考他們的經驗。你當然可以自己去試、去實驗。我只能說市場上良莠不齊，有非常正宗的，也有為了名利而拚命自我推銷的，其動機就不純正，到頭來自己和學生都受害。很抱歉，我不應該批評，斯瓦米韋達從不批評任何人，但他目睹當今瑜伽界的現況也同樣覺得痛心。才幾十年以前，只有寥寥可數的幾位大師，現在則不論是自己封的或是別人吹捧的，到處都是大師。眞正的大師是從不自稱為「大師」的，請愼選老師。假如你實在無緣接觸到自己心儀的老師，也只好仰賴他的著作來學習，再等機緣成熟，一時不必急著投入誰的門下。

【問】現在有些「專門」的瑜伽，例如熱瑜伽等等，你對此有何看法？

【答】這不只是所謂的「熱」瑜伽，現在種種瑜伽琳琅滿目，數都數不完。傳統上，練習體位瑜伽的環境應該要選溫度適中且通風良好的場所，否則會造成你身體系統的混亂，這是前人告訴我們的。

現在這麼多五花八門的瑜伽，大家爭相自創名義，都想獨樹一幟，既是一種行銷策略，也是在尋求世人的肯定。假如帕坦伽利活到今天，他都不會認得這些所謂的「瑜伽」了。我的看法是讓瑜伽回歸瑜伽，大家要先明白自己想要學習瑜伽的目的何在，待目的明確後，再做選擇。例如有人會覺得熱瑜伽有用，那麼是對什麼有用，自己要先弄清楚。

【問】請問練中國太極拳的人是否也可以學哈達瑜伽，兩者是否有衝突？

【答】對不起，我此生沒有福分學習太極拳，並無資格回答這個問題。我相信太極拳和哈達瑜伽之間有共同之處，不過方法可能會有所不同。

我能說的是，哈達瑜伽是要借助一定的練習方式來全面淨化，改善整體的體質，讓能量順暢流動，則身體、情緒都能達到平衡。能平衡則能穩固，穩固則能持中，因此能靜止，能靜止則能禪定。重點是平衡，深沉地放鬆而不失穩固，隨時保持中心原點。這得由太極拳的高明來判斷有無衝突了。

【問】喜馬拉雅瑜伽所教授的哈達瑜伽有何特色？

【答】大家都知道，哈達瑜伽所追求的是如何平衡、融合「ha」與「tha」這兩種能量。一旦這兩種能量取得平衡，它們就會融合爲一，進入中脈。結合「ha」與「tha」就是哈達（hatha）瑜伽。當結合發生時，便啓動了中脈，中脈一啓動，我們就會定住，不會想動。那是非常愉悅的境界，心念會完全靜止，自然引領你進入禪定。所以，哈達瑜伽是在準備禪定，禪定是哈達瑜伽的結果，兩者是不可分割的。這並不是說你要先練習哈達，然後再靜坐，而是說你眞練好了哈達瑜伽，它接下去自然是靜坐。

一切功夫都是爲了禪定，這不單是喜馬拉雅瑜伽的主張，是所有瑜伽傳承共同的主張。《瑜伽經》中「八肢瑜伽」的最後一肢（最後一個步驟）是三摩地（samadhi）。「瑜伽就是三摩地」，這句名言可算是我們傳承師生的校訓。

實際修練時遇到的問題

【問】練習體位法做不到那種完美的姿勢，該怎麼辦？

【答】每個練習瑜伽的人或多或少都不滿意自己的姿勢，總是想要做到那種經典的完美姿勢，執意要做到完美姿勢才會開心，所以他們反而無法充分享受體位法。而且令人沮喪的是，既然老是做不到所謂的「完美姿勢」，因此就只有繼續掙扎下去。

開心與否並非取決於完美姿勢，而是取決於你的心態。大家以爲完美姿勢一定是很複雜、困難的姿勢，其實不然。今天我是個初學者，只要我不超過自己的限度，對自己的身體能遵守「非暴力」的原則，善待自己的身體，心念能集中而不遊蕩，身體能穩穩地定在式子中仍然保持放鬆不使勁，呼吸平順而不急促，這就是我目前狀態的完美姿勢。當我身體的情況、情緒的狀態改變了，例如明天我如果跟人有口角糾紛，或工作上出差錯而神經緊繃，那我明天的完美姿勢就會和今天的不同。

如果以爲完美的姿勢就是書上照片中示範的姿勢，那麼，這個觀念就出了偏差，「完美」並非指你能彎得更深、能扭轉得更多。所有這些精確的描述，例如要多少角度、要如何對齊等等原則都是近人新創的，並非以前瑜伽士留下來的教法。以前隱居在森林中的瑜伽士，誰會爲他們示範完美的姿勢？如果你翻開經典，就會發現所謂的「頭立式」說明就只是「頭在下、用手抱住、腳上抬」，如此而已，那些完美姿勢都是現代人發明的。現代人強調高階的體位姿勢，講究如何才是更深入的姿勢，你可以不用在意這些。凡是你做起來能保持放鬆、平順呼吸、不掙扎且能樂在其中的姿勢，就是你的完美姿勢。

不要跟自己鬥，別逼自己太甚，你在外面跟人鬥、跟世界鬥還不夠嗎？站在瑜伽墊上爲何還要繼續鬥下去，這種練法毫無用處。能不跟自己鬥的人，就不會去跟人鬥；能跟自己和平相處的人，跟任何人都處得來；不批判自己的人，就不會去批判他人。一旦你能關愛善待自己，你就能關愛善待所有的人。

就是起了這種對自己不滿的情緒才會去想：「我的姿勢不夠好，等我做到了那個，我就滿意了。」一旦眞的做到了，他又會急著去學習、征服另一個姿勢。那麼，他做起任何姿勢來都將無法樂在其中，因爲要不停地忙著矯正這裡、分析那裡。人生就這麼過了，從未享受人生。

跟自己和平相處，享受當下此刻，別等到明天。這是做體位法時該有的心態，我們的傳承就是如此來教導學生的。

【問】練習哈達瑜伽時，呼吸要專注於什麼地方？

【答】在練習式子時，我們通常專注於呼吸的所到之處，一路到肚臍部位、兩脇、背部下方。練習時，首先是觀察自己的呼吸流到什麼地方，不要人爲地強迫呼吸，要讓呼吸無礙地流動。如此一、二個月之後，你養成觀察呼吸、讓呼吸無礙流動的習慣，呼吸就會毫不費力地變得更深，你能繼續保持覺知。

在靜坐時也如此，由粗到細。你先觀察粗的呼吸流動，觀察肚臍、兩脇、背部下方。然後，觀察呼吸在肚臍與鼻孔間流動。再來是體會呼吸在鼻孔中流動的觸感，此刻你可以加入咒語，例如「so-ham」（音爲「搜——翰——」）或個人咒語。然後一路更細微下去，到呼吸跟心念和咒語合一。這就是我們喜馬拉雅瑜伽傳承靜坐大概的初始步驟。

【問】有人主張練習瑜伽要練到渾身是汗才有效果，而你教授瑜伽卻似乎不強調出汗。到底哪一種狀況才是好的？

【答】我們只是跟隨自古以來行之有效的原則。《瑜伽經》對於體位法的要求是「穩定而舒適」，是身心都要能夠穩定和舒適。「舒適」的意思是你的身體和心念在姿勢中都保持平靜和喜樂，沒有任何掙扎和抗拒。《瑜伽經》又告訴我們「勿用勁」，要保持放鬆，放下想要使勁的念頭，它可沒有要我們出盡力氣去練體位。只有在放鬆的狀態中，能量才能順暢流動。我們可不是說不要流汗，有些姿勢要定住的話，你自然就會出汗，可是你的心要保持平靜。我們有時練習強烈的式子會讓學生大量出汗，但心是平靜的，呼吸也要保持均勻、流暢而不能急促。即使是溫和的式子做起來不出汗，可並不代表你不能深入其中或不夠專注。假如一定要練習強烈的式子，做到渾身是汗才算專注，那我要反問，禪定是絕對的專注，禪定會讓你飆汗嗎？假如流汗是唯一的檢測標準，那麼，打坐時身體完全不動、不流汗，靜坐便成無用之事。那瑜伽睡眠法不就更糟糕了，是這樣的嗎？

假如有人主張要出汗才有效，我可以接受，請他儘管去做健身操式的練習，想要大量出汗，那是他的自由。但是請不要說溫和的、不流汗的體位法無效，因爲流汗與否不是重點，心念是否平靜而專一才是最重要的。體位法會帶來輕微的不適感，這是因爲我們不習慣某種姿勢的緣故，但不是要做到內心掙扎的地步。自虐型的鍛鍊，是我們無法認同的。

【問】有人以為練習瑜伽時補充失去的水分是很重要的，你認為呢？

【答】這是健身房、有氧運動的風氣，每人一瓶水不離身。有的教練要人每小時喝一公升的水，兩小時就喝兩公升。我們要了解，瑜伽不是那種健身運動，哈達瑜伽體位的種種式子是要把能量導引到身體不同的部位，這是每個式子的用意。但是要想如願導引能量，前提是能量要有空，它不能忙著去做別的事。假如你在練習瑜伽時喝了一口水，你知道喝這一口水的結果是如何？你的身體現在必須開始應付外來的水，要消化、吸收它，就需要動用能量去處理。可是你做的式子是要把能量調動到另一個地方，這就會造成紊亂，因爲這一口水打亂了體位法原本能量應該流動的方式和方向。

我建議你在課程前、後半個小時內和課程中都別喝水。我上課會要求學生把水瓶留在教室外，從來沒有人在課堂中渴死過。

至於食物，我建議在課程結束後半小時、一小時以後再進食；正餐最好在上課四小時以前吃完。假如你能忍得住，五個小時更好，但至少要隔上三個小時。這不關乎做不做瑜伽，能輕食最好。

淋浴淨身當然以清晨爲佳；如果剛做完瑜伽，情況允許的話，等上半個小時比較好，這也是常識。但別把它當成死規矩，這不是一成不變的。斯瓦米韋達曾告訴我們，心態最重要，別把淋浴當成只是爲了洗去汗水而已。

【問】有的人認為練習瑜伽會受傷，例如頭立、肩立、後彎等等算是高危險動作，應該列入禁忌項目。你是否同意？

【答】你說這些式子具危險性，那麼任何動作都有危險性，連你站的方式不良或坐姿不佳都會造成傷害。如果你不注意方法，任何事都有可能帶來傷害。例如飲食過量也會傷身，如果你飲食節制，就只會有好處。所有的體位姿勢都有它的用意，例如頭立、肩立是喚醒身體能量流非常有力的姿勢，如果你練習的方法不對，身體就會受傷。如果你不守交通規則，隨意穿越馬路就有可能會送命，不是嗎？如果你懂得後彎的技巧，知道該注意何處來保護自己，曉得何處是自己的極限，練習它不但不會傷害到你，而且還有好處。

【問】喜馬拉雅瑜伽似乎特別注重在練完動態的哈達瑜伽之後，要留足夠的時間練習大休息式，為什麼？

【答】整個瑜伽練習的過程是從中心點到中心點。照我們編列的練習步驟就是先從鱷魚式開始，將自己拉到中心原點，最後是大休息式，再回到中心原點。然後，如果時間允許，起來做些呼吸法之後靜坐。大休息式是最能幫助我們將能量調勻的方法之一。

所以，我們在做完鱷魚式之後起身，做體位法的式子是把能量導引到身體的各個部位，能量在體內流動，這有助於把身體各部位的能量調勻，達到均衡。讓「ha」與「tha」均衡。

最後你回到靜止，進入大休息式，身體在大休息式中是完全對稱的，你平躺在地上，手和腳分別向左、右分開，軀幹頭頸成一直線。剛才漸漸被調勻的能量，此時可以完全達到均衡，是整體地調和每個體位姿勢的能量。你又回到中心原點，呼吸的節奏會緩慢而均勻，分散的心念也會變得寧靜而集中。所以，此時再去靜坐就可以毫不費力地入靜。斯瓦米韋達曾說，一般瑜伽練習幾乎把全部時間都用在體位法上，最後草草做個大休息式就結束。而對我們而言，首先要有足夠的大休息，然後最重要的練習才開始。

大休息式就是靜坐前的準備功夫，讓我們徹底放鬆。放鬆法又有好幾種練習方式，例如三十一點和六十一點的觀想法、深沉放鬆法等等，這都需要時間，有一定的步驟，不是隨便躺個二、三分鐘或睡一覺就算放鬆了。

【問】為什麼在大休息式結束後是翻轉到左邊側躺，然後再起身？

【答】道理很簡單。左鼻孔是我們「左脈」的末端，右鼻孔是「右脈」的末端。你翻轉到身體左邊側躺一陣子，身體重量壓在左半邊，右邊身子是鬆開的，此時會幫助右鼻孔變得比較通暢。如果翻轉到右邊側躺，則會啓動左邊的鼻孔。例如，飯後午睡最好左側躺，讓右鼻孔比較通暢，右脈就比較活躍。右脈屬陽、屬火，是消化力，如此則能幫助消化。

大休息式藉由平躺以平衡左、右脈的能量，你深深地放鬆，充分休息之後往往不想起身。要把身體撐起來，就需要更多的陽能，因此你往左翻身，側躺幾個呼吸之後，右脈變得比較活躍，那個能量讓你比較容易起身。有的傳承是教人翻到右側才起身，那是爲了啓動陰脈，避免興奮，有它的道理。我們教人從左側起身，那是因爲區區幾個呼吸所啓動的右脈能量不會維持很久，然後你進入靜坐姿勢。

所以，你又回到中間，又回到對稱的平衡姿勢，如此便可以開始靜坐。

同理，有的人睡了整晚，但早上要起床時感覺很吃力的話，也可以翻轉到左側，側躺幾個呼吸或幾分鐘，就比較容易起身。也有的人晚上習慣側身左躺才睡著，這有很多原因，如果只從消化的角度來看，我們的消化能力到了晚上會變得比較弱，如果你比較遲吃晚飯或吃的份量過多的話，就需要用到更強的消化力。所以，側身左躺是幫助你消化的方式，久了就會成爲習慣。而一旦你睡著了之後，左、右脈隔了一段時間會自動交互分流，你就會翻身，不必擔心。很少人能整晚只睡一邊，那未必是件好事。

日常生活中有關瑜伽的練習問題

【問】我們每天應該花多少時間來修練哈達瑜伽，是否有任何限制？

【答】很多人對斯瓦米韋達說他們每天花多少時間去練習哈達瑜伽，他總是會告訴他們，你花多少時間去修練都無所謂，我想知道的是，你一天當中其他的時間在做什麼。

你待在瑜伽墊上幾個小時並無關緊要，你是如何待在人世間才是重點。不是只有關在房子裡、在瑜伽墊上的行為才是瑜伽，走回到世界裡就是另外一回事。你能把在瑜伽墊上所學到的帶到日常生活裡，這才是正經。如果你不能把從瑜伽墊上學到的瑜伽運用在平日，那就是把瑜伽糟蹋掉了。

我從斯瓦米韋達學到的是，你整天都是練習的時機，也都應該時時練習，觀察自己如何站立、如何安坐，呼吸的狀態又是如何，從頭到腳是否夠放鬆。有人當面說了非常不中聽的話，你如何回應，是被撼動或者穩如泰山？這是個非常困難的關卡，也是檢驗自己非常好的機會。如果你被對方所撩撥，就要立刻警覺，回到穩定的心態。對方越是無理，你就越是要放鬆。你本來就該是放鬆的，而現在面臨挑戰，試驗自己是否一下就被擊倒。

至於你有多少時間站在瑜伽墊上練習，那要看你自己的安排，要依你的家庭責任、職業性質而定。有的人從不在墊子上練習瑜伽，可是他能把瑜伽的道理運用在日常生活中，他才是眞正的瑜伽士。

【問】現代人非常忙碌，不見得都能在日出時去修練瑜伽，有的人要利用午休時間，有的人要等到晚上下班後才有空。這是否恰當？

【答】的確，現代人的生活節奏非常緊湊。所以，有人無可避免地只能在晚間練習，晚上修練瑜伽並不是問題。對於不容易入睡的人，這會幫助你入睡；而對於沒有睡眠問題的人，雖然可能要遲些才能入睡，可是你會睡得比平日更深。所以，夜晚修練瑜伽，基本上是無礙的。

如果你是早上修練，會覺得精力充沛，呼吸更深沉，身心都更放鬆，開心地度過一天。但一早起來身體通常會比較僵硬，需要多點時間暖身讓身體慢慢地舒展開來，然後開始例行的動作。如果是晚上修練，則暖身時間可以比較短，因爲身體在動了一整天之後已經比早上柔軟了。話說回來，因爲你一整個晚上睡眠時未進食，到早上起身如廁之後把昨天吃進的食物排乾淨，所以早上修練瑜伽時身體是空的，不論做體位法或呼吸法都會覺得身體比較輕盈。同時，你的能量經過了一夜的休息，沒有別的干擾，也較能集中，比較容易導引。

反之，如果你在晚上練習，體內已累積了早餐、中餐，甚至還有下午茶點，能量就需要時間去消化這些食物。假如你在吃飽後不久就去練習，胃裡充滿了食物，就無法有效地做橫膈膜呼吸，做頭立式、肩立式等倒轉姿勢時也會比較困難。所以，這些強烈的式子在早上會比較容易做。如果你是晚上修練瑜伽的人，最好要和上一餐隔四至五個小時，半個小時以前也不要喝牛奶或水等液體。

如果你有選擇的餘地，那麼最好選擇早上練習。如果你非晚上練習不可，就要留心飲食的時間。總之，早上、晚上都無妨，各有不同之處，規矩是活的。

【問】那麼，是否有規定晚上（例如九點）以後，最好不要修練體位瑜伽？

【答】以前的人大都一早就起來做哈達瑜伽，到日出時結束，幾乎不會有人到了早上九點、十點還在做，這是因爲清晨起身是能量最充沛的時候，也和晝夜結合的時機等等因素有關。但在今日，並非人人都能遵照這個作息的規律，就只好找有空的時間來練習，可是也要知道如何取得平衡。例如晚上九點以後練習就有點晚，可是如果根本不可能早點練習的話，那也是沒辦法的選擇。

不過，我會建議多做些放鬆法，如此可以讓你卸掉一天下來所累積的壓力，而睡得更好，恢復能量。你不要選擇那些激烈的式子，否則會整晚精力勃勃，無法入睡。你所做式子的順序也要排列正確，目標是讓你能靜下來。這其中有很多的細節，每個人都有差別，如果自己不清楚的話，最好去請教老師。

【問】那麼，拜日式是否只適合在早上練習？

【答】大家以爲練習拜日式是來提升能量的，這沒有錯。其實所有的瑜伽體位式子都能提升能量，讓能量趨於平衡。所以，即使在晚上做拜日式，只要有適當的準備熱身程序，有適當的相反互補式子，能專注於身體、心念、呼吸，最後是大休息放鬆。你也可以做動態版的拜日式（連續快速地做），最後也同樣能帶你進入靜。

早上練習拜日式的好處是讓你一整天都很有精神，而晚上做可能會讓你遲些睡著，但是你會睡得很沉，第二天也不會感到睡眠不足。睡眠時間的長短不是關鍵，不用擔心。

【問】現在幾乎所有都市中的瑜伽教室都裝有空調設備以控制溫度，這樣理想嗎？

【答】能夠在通風、自然天候的環境中練習當然最好。但是在很熱和很冷的地方可以利用空調設備來控制溫度，這是毫無疑問的，不過要注意的是溫度必須適中。科技對於瑜伽練習是有其作用的，即使在熱帶地方，清晨時分的氣溫還是很宜人，那時就不必開冷氣。

【問】你多次提到瑜伽墊，有材質的分別嗎？為什麼在印度的學院裡使用的是毯子？

【答】這是因爲我們以前沒有現代的瑜伽墊，所以一直是用毯子，這是很自然的事。以前瑜伽士只要帶著一張毯子，白天可披在身上禦寒，晚上可裹著睡覺，早上便鋪在地上做體位法和打坐。可是到了潮濕、炎熱的夏天，橡膠的墊子就比較適合。我認爲理想的瑜伽墊不能太軟，而且要有很好的止滑功能，這就行了。

從事瑜伽教學者的相關問題

【問】當一個瑜伽老師最基本的心態是什麼?

【答】我目前主要是以「師資培訓課程」爲主，學生已經有相當的基礎，大都是有備而來。我們每次開訓之前，都會跟大家坐在一起談談各自的動機和期待。來這裡上課的很多人本身在外面是瑜伽老師，他們經常表示，來上課的動機是爲了更有能力去幫助學生、拯救別人。斯瓦米拉瑪說過：「在拯救別人之前，你要先拯救自己。」先懂得幫助自己，你才能夠眞正地幫助別人。如果你能眞正地愛自己，有勇氣接受自己，才能眞正地去愛、去接受你所愛的人和學生。

他又說：「不要談拯救。你要做的，是以愛心陪同學生走過人生的旅程，而不是一路背著他們。否則他們的心態就無法獨立，反而更加重依賴心。你不要空談大道理，只要讓學生在情緒上學會獨立。他能自立，就會有本事去面對和應付人生，才能免受折磨。」

所以，你要做老師，眞要助人，並不是事事都幫他們做，不是爲他們拿主意該做什麼或不該做什麼，而是給他們工具，告訴他們自己去做、去取決。而到他們真的彷徨無助時，你要陪伴著他們。如果你的學生對你的依賴心重，那你就是問題的根源，他們每件事都來找你解決，連該穿什麼顏色的衣服都要來問你。學生無法成長，你自己也會苦不堪言。

談到如何讓學生獨立，斯瓦米拉瑪即是少見的大師。他的方法有時會讓人覺得相當無情，但是絕對是出於愛心。有的學生會無法接受而離去，通過考驗留下來的就能成長。

因此，我們應先從自己開始，保持對自己那個中心原點的覺知，時時回到自己身上。助人是應該的，但是要有智慧去拿捏分寸，而且一定要出於愛，無私的愛，不能期盼有任何回報。否則，你自己和想幫助的人都會吃苦。助人是好事，但也是個非常複雜的題目。

【問】瑜伽老師在課堂上幫助學生調整體位姿勢時，該注意什麼？

【答】這個問題在我們的「師資班訓練課程」中就是一個單一的主題，老師的教學方法非常重要。

首先，做爲老師的你要明白，並非每個學生都歡迎老師去動他的身體，但這並不代表學生不尊敬你，也別認爲學生態度不好，不聽從你的指導。對於這位學生你開始別急著去幫助他調整，要給他空間，尊重他、關心他。如此大多數的人漸漸會接受你去幫助他調整。

其次，當你要調整某位學生時，記住先在你心中把需要調整的步驟準確地演練一遍，只有在你心中有數之後，才可以動手去調整。

再者，要讓學生知道你在靠近他，別在無預警的情況下出手，你會驚嚇到他。如果你站在學生後面時，尤其要小心。即使你站在他面前，你也要讓他知道需要被調整的就是他，不是站在他旁邊的其他學生。你可以告訴他：「我現在要幫你調整。」所以，先讓你的對象有心理準備。但是如果你覺得不適合說出來，譬如在靜坐時幫助學生調整坐姿，一般情形之下是靜靜地爲之，你可以輕觸他，讓他知道。至於如何輕觸、輕觸哪個部位，甚至你呼吸的狀態，這些都是很精細的學問，要慢慢地學習體會。

當你在調整時，別立刻就糾正到位。要先扶住他，讓他放鬆，身體繃得緊緊的人你是無法調整的。你扶住他，讓他信任你，他就會放鬆，這個扶住的動作就是先建立互信。在調整之後，你還要扶住他一下，別馬上丟下他。慢慢地調整完畢，你要對他說：「好了！我現在要鬆手了。」讓他知道要靠自己留在姿勢中，然後你才放開。有人聽了會想：「天哪，這得花多少時間！」不，這只不過是幾秒鐘之間的事。老師需要高度集中，先在心中預演一遍，當你知道該做什麼、怎麼做，就很容易完成。這當然需要經驗，而如果你不是十分清楚該如何下手去糾正，就別去動他。

【問】你是否說過，好的老師往往學生人數少，為什麼？

【答】的確。我希望大家不要期盼自己能學生滿堂。我認爲只有兩種人可以靠瑜伽發達，一種是得天獨厚，有特別才能和本事的人；另一種是能製造戲劇效果，會行銷自己的人。舉例而言，好的醫生因爲要仔細照顧好每個病人，首先，病人的數目就不可能多，而病人治好了就不用再來看你。好的瑜伽老師眞能讓學生變得情緒獨立，給他們工具，學生就不用老是待在你身邊。他們得到工具之後，可以自助又可以助人。

學生會老是黏著老師固然可能是愛老師，也可能表示他們尚未學會自立，還有可能是對老師有所求而來。他們求的不是眞理或求解答某個大問題，而是求老師的肯定和讚許。有的人對此簡直上癮，會不停地來到老師身邊，希望老師能多注意他。學生成群，來的人背後會有很多不同的動機，不見得都是好事。

所以，好老師未必學生成群不散，因爲你不會刻意去博取他們的歡心。而人情之常是，他們會轉而去能讓自己開心的地方，而不來你這裡。

【問】瑜伽老師該如何在教學和收支之間定出平衡點？如果教室空蕩蕩的，老師能不擔心嗎？

【答】首先，瑜伽老師不要存有我是來教人的心態。甚至根本不要有「老師」這個觀念，把自己當作是瑜伽行者，是瑜伽的實踐者，是和大家分享自己的經驗。

如果你有所擔心，不妨捫心自問，如果學生人數不夠，爲什麼我要擔心？如果我的目的是分享，可以跟五十個人分享，也可以跟五個人分享。爲什麼五個人會不如五十個人？難道來了五十個人，我的自我就會膨脹起來，而五個人就會讓我洩氣？這種要靠外界肯定的自我是虛假的，它只會爲你帶來恐懼和折磨，它正是學瑜伽的人所該克服、捨棄的。瑜伽要你自在，在別人的肯定中尋求安全感能夠感到自在嗎？所以，先要問自己：「我的動機何在？」如果這是一個生計，是一門生意，那麼，你當然會希望人越多越好。

我年輕時跟在斯瓦米韋達身邊，他就勸阻過我：「不要以瑜伽來維生。」我永遠記得這句話。他的意思是，我應該還要有別的收入來源，不論是正職、兼差、零工都行，所以我才能自由教學，不用妥協。如果你唯一的收入來源是瑜伽教學，你自然會擔心入不敷出的問題，而學生人數就成了你安全係數的指標，人數少時，你就會有壓力。這會影響到你的教學，就很難毫無拘束地從心底來教導。老師憂心忡忡，就上不好課，那又如何能幫到學生！

以我自己爲例，我很幸運能夠全心投入，那是因爲太太的工作給家中提供了穩定的收入。她知道我生命的熱情是在教學，就要我不用擔心收入，她會挑起經濟的擔子。所以，我上起課來可以完全依照自己的信念來教，我對學生有話直說，不用也不會討他們的歡心，有多少人來上課，我根本不在意。既然我很幸運得到了讓自己能夠成長的好東西，只希望以無私奉獻的愛心把它傳出去，跟大家分享，完全不需要擔心能收到多少「束脩」。

很多人想轉行當瑜伽老師，就來問我的意見。我都會說：「很好！但是你一定要另外有收入來維持基本的開銷。光是有滿腔熱情是不夠的，還要有實際的收入。如果只靠教授瑜伽來維生，你教起來就必須妥協，必須要照顧到學生人數是否足夠的問題。」我們這個傳承尤其不玩弄戲劇效果，不譁眾取寵，這個傳承是一種托缽僧人的傳承，來的人少本來就是正常的。我不必為此道歉，但信不信由你，我個人的經驗以及所見到的實例是，只要你全心投入傳承，無私地奉獻，不計較個人得失，在冥冥之中，你的溫飽就會得到照應。你會有足夠的照應，剛好讓你維持下去。所以，你偷不得懶。若是只想發財、想出名，那一切就免談。也請別為了好玩而來，這裡絕不好玩，只有喜樂。它只在乎你是否能成長，並非讓你來此逃避現實，或是來找樂子、納涼的所在。

如果你老是把課堂人數多寡放在心頭，就真的要自問：「我究竟是為何而當老師，所謂『老師』的意義何在？」我見過太多理想主義者，滿腦子都是救世的主張和心願，可是他們應該先從救自己下手。

【問】可否請你給想投入瑜伽教學的人一些忠告？

【答】恕我直言，他們大多數人會吃到苦頭的。他們要選擇這條路，就要有心理準備，眞正的瑜伽不能當飯吃，不能把它當「職業」。它是「炙熱」，準備去燒，要有如此熱情才行。你能因而「致富」，不過那是心靈的富足，不是錢財的富足。別人本來一直被自己的心態和成見所拘束、折磨，現在終於能放下，他們因此而成長，當你見證到這些成果，「啊！我的天！」那種欣慰感、滿足感才是你源源不絕力量的來源，不是區區金錢報酬可以比擬的。

假如你不是爲了這個而去教授瑜伽，那就會非常辛苦。要知道，學生是很聰明的，他們知道你在乎人數，有時就會以此來要挾你：「啊！如果你老是重複教這些舊東西，我就要去上別人的課！」也有學生對我這麼說過，我的回答是：「只要學生尚未學會，我就必須一再地重複又重複，直到他們眞正學會爲止。如果你覺得你已經學會了，請把位置空出來，把機會留給別人。」我每年在德國都會有一個爲期七天的訓練營，很多學生說已經連續參加了好幾年，每年所教的內容幾乎一成不變，可是奇怪的是，他們來上課所感受到、所學到的年年不同。

所以，上課不可圖新鮮，能夠深入才是最重要的。如果你的收入來源完全依賴學費，你就會受限而失去自由。假如沒有太太的支持，我的心態就一定會受到收入考量的影響。這是無法迴避的現實問題。

斯瓦米韋達一再地告訴我們：「要實際，要會打算。」否則，你就上了人生的雲霄飛車，自己都在搭雲霄飛車，心境起伏不定要怎麼教人、怎麼幫人？例如，此刻就有幾位我們傳承裡的老師在自己國家開設瑜伽中心，他們都是很好的老師，本來也有不錯的職業，但現在每天都在爲生存而掙扎，原本的那份純眞就漸漸消失了。

我們要記住，學生來跟我們學習，我們也跟他們一起成長，這是一個彼此共同學習的過程。

國家圖書館出版品預行編目 (CIP) 資料

哈達瑜伽：從體位法覺知身心，調息而後禪定 / 斯瓦米韋達．帕若堤（Swami Veda Bharati）作；石宏譯. -- 二版. -- 臺北市：大雁文化事業股份有限公司橡實文化：大雁出版基地發行, 2023.10
面； 公分
ISBN 978-626-7313-64-0(平裝)

1.CST: 瑜伽

137.84 112015689

BH0024R

哈達瑜伽

從體位法覺知身心，調息而後禪定

作　　者　斯瓦米韋達．帕若堤（Swami Veda Bharati）
譯　　者　石宏
責任編輯　于芝峰
文字編輯　釋見澈
特約主編　莊雪珠
封面設計　小草
內頁構成　歐陽碧智
繪　　圖　王佩娟
校　　對　石宏、莊雪珠、魏秋綢

發 行 人　蘇拾平
總 編 輯　于芝峰
副總編輯　田哲榮
業務發行　王綬晨、邱紹溢
行銷企劃　陳詩婷
出　　版　橡實文化 ACORN Publishing
臺北市 10544 松山區復興北路 333 號 11 樓之 4
電話：(02) 2718-2001　傳眞：(02) 2719-1308
網址：www.acornbooks.com.tw
E-mail 信箱：acorn@andbooks.com.tw
發　　行　大雁出版基地
臺北市 10544 松山區復興北路 333 號 11 樓之 4
電話：(02) 2718-2001　傳眞：(02) 2718-1258
讀者服務信箱：andbooks@andbooks.com.tw
劃撥帳號：19983379　戶名：大雁文化事業股份有限公司

印　　刷　中原造像股份有限公司
二版一刷　2023 年 10 月
定　　價　450 元
I S B N　978-626-7313-64-0
（原書名：《哈達瑜伽：練什麼？爲何要練？怎麼練？瑜伽大師斯瓦米韋達告訴你》）